AF417378

Diretrizes para protejar e avaliar portfólios

Diretrizes para protejar e avaliar portfólios

Guia prático para avaliar o trabalho acadêmico em contextos universitários

Gary Cifuentes e Luisa Fernanda González

Universidad de los Andes
Facultad de Educación

Nombre: Cifuentes Álvarez, Gary Alberto, autor. | González Pineda, Luisa Fernanda, autora. | Rocha Magalhães de Agudelo, Leila Maria, traductora.

Título: Diretrizes para protejar e avaliar portfolios: guia prático para avaliar o trabalho acadêmico em contextos universitários / Gary Cifuentes e Luisa Fernanda González; traductora Leila Maria Rocha Magalhães de Agudelo.

Descripción: Bogotá: Universidad de los Andes, Facultad de Educación, Ediciones Uniandes, 2022. | xxiiii, 122 páginas: ilustraciones; 17 × 24 cm.

Identificadores: ISBN 9789587982374 (rústica) | ISBN 9789587982381 (electrónico)

Materias: Portafolios en la educación | Profesores universitarios – Evaluación

Clasificación: CDD 378.1224 –dc23

SBUA

Primeira edição em espanhol: *Lineamientos para diseñar y evaluar portafolios. Guía práctica para valorar el trabajo académico en contextos universitarios*, Ediciones Uniandes, 2021

Primeira edição: fevereiro de 2022

© Gary Cifuentes e Luisa Fernanda González
© Leila Maria Rocha Magalhães de Agudelo, da tradução para português
© Universidad de los Andes, Facultad de Educación

Ediciones Uniandes
Carrera 1.ª n.º 18A-12
Bogotá, D. C., Colombia
Telefone: 601 339 4949, ext. 2133
http://ediciones.uniandes.edu.co
http://ebooks.uniandes.edu.co
infeduni@uniandes.edu.co

ISBN: 978-958-798-237-4
ISBN *e-book*: 978-958-798-238-1
DOI: http://dx.doi.org/10.51570/Educ202201

Revisão linguística: Clara Juanita dos Santos Cuéllar
Diagramação: Nancy Patricia Cortés
Design de capa: Angélica Ramos
Imagem de capa: "Sextante", ilustração pertencente ao livro *El mundo físico: gravedad, gravitación, luz, calor, electricidad, magnetismo, etc.* [*O mundo físico: gravidade, gravitação, luz, calor, eletricidade, magnetismo, etc.*] de A. Guillemin (Barcelona Montaner e Simón, 1882). Fundo Antigo da Biblioteca da Universidade de Sevilla (Espanha). Tomada de: https://commons.wikimedia.org/wiki/File:El_mundo_f%C3%ADsico,_1882_%22Sextante%22_(4052595366).jpg

Universidad de los Andes | Vigilada Mineducación. Reconocimiento como universidad: Decreto 1297 del 30 de mayo de 1964. Reconocimiento de personería jurídica: Resolución 28 del 23 de febrero de 1949, Minjusticia. Acreditación institucional de alta calidad, 10 años: Resolución 582 del 9 de enero del 2015, Mineducación.

Conteúdo

Lista de recursos gráficos

Agradecimentos

Esta obra foi possível graças ao apoio acadêmico, financeiro e administrativo da Universidad de los Andes, instituição onde há quase duas décadas desenvolvo meu projeto profissional como acadêmico. Assim como aconteceu quando escrevi *Diretrizes para pesquisar e avaliar inovações educativas* em 2018, este livro é produto do apoio que recebi tanto da Vice-reitoria de Pesquisa e Criação quanto da Vice-reitoria Acadêmica. Claro, também agradeço à Faculdade de Educação e ao seu centro de pesquisa (CIFE), cuja visão e gestão me permitem continuar contribuindo para o campo intelectual da educação.

As discussões e o diálogo com os professores que fizeram comigo o módulo para projetar portfólios de docência e portfólios acadêmicos entre 2018 e 2020 tornaram possível estas diretrizes. Foi graças a este espaço de acompanhamento na construção de seu portfólio que chegamos a entender a complexidade do trabalho acadêmico nas diversas disciplinas, bem como a compreender a necessidade de reconhecimento e a riqueza que existe entre as diferentes trajetórias profissionais. Do mesmo modo, devo fazer um reconhecimento a Peter Seldin, a quem tive a oportunidade de conhecer pessoalmente no outono de 2019 em Nova Iorque, e com quem pude ter uma longa conversa sobre as condições institucionais para fazer do portfólio do professorado uma estratégia viável e sustentável.

Finalmente, este livro é um reconhecimento ao legado do meu pai e à sua paixão pelo intelecto, e ao professor Felipe Rojas Moncriff, com quem entendi a importância da dimensão estética e ética – o estilo e a forma de vida – no futuro de um acadêmico.

Gary Cifuentes

Nota do Autor

"Em espanhol, o que denominamos como *Serviço*, poderia ser traduzido como Extensão". Ao parecer, no Brasil quando se usa a palavra "Extensão" somente se refere a trabalhos externos.

Portanto, é muito importante esclarecer que no livro o uso da palavra *Serviços* se refere a Trabalhos Externos (trabalhos com comunidades, consultorias, etc.). Porém, também por Serviço nos referimos a trabalhos internos na universidade, tais como dirigir um curso de graduação, um centro de pesquisa, participar em comitês, etc. Então, se considerarmos que Extensão somente se refere a trabalhos externos, é muito importante esclarecer que também existem *"Trabalhos de Liderança e de Gestão Institucional"*.

Em conclusão, o termo Extensão (se refere ao âmbito externo) e o termo Trabalhos de Liderança e de Gestão Institucional (se refere ao âmbito interno). Creio que poderia ser uma forma de tradução mais ajustada ao que se menciona como *serviço* (que na Universidad de los Andes chamamos Desenvolvimento Institucional).

Assim, toda vez que usemos a expressão "atividades de serviço" estaremos nos referindo a: Extensão (para referir-nos ao âmbito externo) e ao referir-nos ao âmbito interno o significado é de Trabalhos de Liderança e de Gestão Institucional.

Introdução

A universidade contemporânea está sujeita a pressões em diferentes níveis. Está obrigada, por exemplo, a responder às demandas de inclusão social fechando brechas de todo tipo, que gerem conhecimentos de impacto local, bem como a posicionar-se e internacionalizar-se além de seu próprio entorno. Ao mesmo tempo, se exige que a universidade ofereça qualidade na formação dos jovens que recebe, porque eles são o motor de transformação da sociedade. Em meio a estas demandas o trabalho realizado pelo professorado é o centro das atenções, pois são eles que têm sob sua responsabilidade as tarefas de formação sob a suposição de uma docência de excelência, tarefas de produção de conhecimento baseado na pesquisa de primeiro nível, e também o trabalho de aplicar esse conhecimento para atender e impactar responsavelmente a sociedade.

Enquadrado no campo da avaliação do professorado, este livro propõe certas diretrizes para que os professores universitários contem com uma orientação clara no momento de projetar um portfólio, mas também para que os diretores e coordenadores de unidades acadêmicas contem com mecanismos e critérios mais precisos na hora de avaliar este portfólio, que dá visibilidade ao trabalho acadêmico. Partindo da noção clássica e revisada por Ernest Boyer no final do século passado, este livro problematiza a noção de *scholarship* ou trabalho acadêmico como uma prática complexa e ampla de atividades profissionais que um professor universitário realiza para atender as três responsabilidades que tradicionalmente lhe foram atribuídas: docência, pesquisa e serviço.

Não pretendemos dizer que o portfólio acadêmico seja a resposta para todos os problemas associados com a avaliação do professor no contexto da educação superior. Porém, consideramos que pode ser um caminho possível para que tanto os professores universitários quanto as instituições onde trabalham possam contar com uma estratégia mais clara e eficaz para a tomada de decisões ou simplesmente com o objetivo de melhorar a sua prática profissional. Do mesmo modo, e atendendo a uma problemática recorrente no contexto universitário, estas diretrizes promovem uma aproximação integral para avaliar o trabalho feito por um professor universitário, oferecendo um conjunto de mecanismos e critérios que podem ser usados pelos comitês de avaliação exatamente ali onde não está claro o trabalho realizado por esses comitês.

As diretrizes aqui apresentadas entendem o trabalho acadêmico como uma montagem de elementos heterogêneos contanto que nele se articulem práticas de docência, produção de conhecimento especializado e atividades de liderança e gestão para o desenvolvimento institucional e social. Por isso, o objetivo deste livro é demonstrar a relevância do portfólio acadêmico como um mecanismo de integração, enquanto serve de ferramenta de deliberação dos comitês que buscam avaliar o trabalho de um professor universitário.

Origem destas diretrizes

Este livro é produto de uma pesquisa realizada na Universidad de los Andes (Colômbia) no período de 2019-2020, relacionada com o estudo dos mecanismos e critérios para avaliar o trabalho acadêmico, com a finalidade de identificar as possibilidades e as limitações para o desenvolvimento de portfólios acadêmicos. O estudo teve início com o reconhecimento de um problema que existia em diversas unidades acadêmicas (faculdades e departamentos afiliados, como são chamados na Colômbia) quando se tratava de identificar os critérios para avaliar cada uma das três responsabilidades consideradas no Estatuto Docente da instituição (docência direta, produção científica e desenvolvimento institucional). A primeira parte do estudo determinou que havia uma diversidade de formas de conceber e avaliar cada uma destas responsabilidades; em alguns casos, os mecanismos e critérios nem sempre eram claros ou havia um desequilíbrio na hora de avaliar o trabalho acadêmico em geral. Revisando a literatura descobrimos que uma constante em muitas universidades do mundo era a ausência de uma reflexão adequada sobre os critérios e mecanismos para avaliar inteiramente o trabalho feito por um professor universitário.

Introdução

Desde o ano anterior a este estudo (2018), fizemos uma série de módulos para o projeto de portfólios de docência (ferramenta na qual o docente reflete sobre suas práticas de ensino a partir de suas evidências). Nesses encontros, uma percepção recorrente de muitos professores era a ausência de critérios claros para avaliar seu trabalho de modo integral. Igualmente, percebemos que no âmbito institucional ainda não estava claro o que era um portfólio, seus possíveis usos, seu sentido ou propósitos. Como era de se esperar, de acordo com as abordagens da literatura, esse desconhecimento causava resistência ou falta de sentido da parte dos docentes para projetar portfólios. Em 2019 realizamos outro conjunto de módulos para professores com o objetivo de construir portfólios acadêmicos (isto é, portfólios que incluíssem não somente a docência, mas também que pensassem sobre sua produção investigativa e suas atividades de serviço). Com frequência ao finalizar estes módulos os professores manifestavam estar confusos por não saber o quão úteis seriam estes portfólios para suas respectivas avaliações de desempenho ou escalão, uma vez que institucionalmente não havia um claro reconhecimento dos portfólios na avaliação de seu trabalho.

Por seu lado, a Vice-reitoria de Pesquisa e Criação da Universidade formou em 2019 um comitê para construir os critérios para avaliar os processos e produtos de docência. Precisamente isto ocorre pela falta de clareza sobre como avaliar a prática docente dentro e fora da sala de aula, porém sob a premissa de que existe um desequilíbrio entre a avaliação da produção acadêmica e os produtos de uma boa docência. Todos estes antecedentes mostraram a necessidade de construir orientações institucionais que servissem para que as diferentes instâncias acadêmicas (faculdades, departamentos, centros) entendessem claramente o que é, para que serve e como orientar o projeto e a avaliação de portfólios acadêmicos.

Para conseguir isso projetamos um estudo de caso comparado (Stake, 2006) onde selecionamos aquelas unidades acadêmicas que tinham maior participação nos módulos oferecidos sobre portfólios de docência e acadêmicos. Isto servia como um possível indicador do interesse que havia em trabalhar esse tema dentro da mesma comunidade de professores. Outra estratégia foi analisar a documentação produzida em cada unidade acadêmica da universidade sobre as três responsabilidades – docência, pesquisa e serviço (por exemplo: guias, documentos de trabalho, regulamentos, tabelas de avaliação, etc.) –, o que nos permitiu fazer uma ideia do tipo de reflexões que se podiam produzir sobre cada uma dessas responsabilidades. Este exercício permitiu identificar cinco unidades acadêmicas que foram as mais relevantes para aproximar-se, devido à quantidade de documentação, das iniciativas e do interesse que existia para avaliar o trabalho acadêmico.

Em cada uma destas unidades entrevistamos o reitor, os coordenadores de acompanhamento à docência e também aqueles atores encarregados da avaliação e gestão da produção investigativa. Como resultado destas entrevistas e do material documental que se produzia em cada unidade acadêmica, pudemos analisar as diferentes estratégias utilizadas por estas unidades quando se enfrentavam à tarefa de avaliar o trabalho acadêmico. De modo particular, o processo de codificação e análise axial de toda esta informação rastreou os *mecanismos, critérios* e *tensões* que operam em cada unidade ao avaliar o referido trabalho. Por *mecanismos* nos referimos à diversidade de estratégias usadas pelas unidades acadêmicas para avaliar o trabalho acadêmico (criação de comitês delegados para a avaliação da docência ou da produção científica, por exemplo); por *critérios* nos referimos aos marcos de referência e ao conjunto de aspectos que se consideravam necessários para avaliar cada uma das três responsabilidades; por *tensões* nos referimos ao conjunto de controvérsias em relação com o campo da avaliação (disputas a respeito dos critérios para avaliar uma docência de excelência ou os incentivos para premiar a publicação de resultados de pesquisas, por exemplo).

A análise cruzada desses mecanismos, critérios e tensões permitiu entender como um todo quais deveriam ser as melhores orientações para que a universidade pudesse direcionar o uso e a avaliação do portfólio acadêmico. Em encontros posteriores foram feitas reuniões de socialização destes resultados com os diretores de unidades para validá-los e avançar na construção destas orientações. Igualmente foram convocados dois encontros com professores que vinham de diversas unidades acadêmicas, com o propósito de identificar as condições individuais e organizacionais para que o portfólio pudesse ser utilizado nos processos de avaliação professoral.

No processo de construção de uma primeira versão destas orientações, como pesquisadores começamos a reconhecer que no contexto mais amplo, não somente da Colômbia, mas também da América Latina, é comum esta ausência de critérios e de mecanismos para avaliar o trabalho acadêmico. Esta perspectiva sobre o tema se ampliou ainda mais quando visitamos Peter Seldin, reconhecido mundialmente como um especialista em portfólios docentes e acadêmicos, no outono de 2019, em Nova Iorque. Tal encontro foi uma oportunidade para validar nossos resultados e discutir profundamente sobre as condições institucionais que deveriam ser instaladas para que o portfólio se torne significativo e sustentável ao longo do tempo.

Portanto, a ideia de reunir em um único texto as aprendizagens adquiridas e de conduzir esta discussão a respeito da melhor maneira de avaliar um portfólio adquire sentido ao longo do processo. Então, este livro não se limita a descrever os resultados particulares da pesquisa, senão que também tem o propósito de levar além a reflexão sobre a avaliação do trabalho acadêmico, propondo o portfólio como a estratégia mais pertinente para consegui-lo.

Como usar estas diretrizes

O potencial leitor desta obra é múltiplo. Por um lado, está o professor que trabalha em tempo integral em uma instituição universitária e deseja preparar-se para um processo de avaliação, que pode ser de dois tipos: uma avaliação de desempenho ou uma avaliação para classificação no escalão professoral, de acordo com as condições que existam em sua instituição. Por outro lado, está o diretivo (reitor, coordenador acadêmico, diretor de um centro ou outro) que se enfrenta à tarefa de liderar um processo de avaliação da equipe acadêmica sob sua responsabilidade; aqui também podem estar equipes de coordenação mais amplas que podem chegar ao âmbito de faculdade e inclusive ao institucional. Outro potencial leitor é o professor que trabalha menos de meio tempo em uma ou mais instituições educativas e que pensa utilizar o portfólio acadêmico como um mecanismo de promoção para uma carreira professoral em desenvolvimento, para o qual pretende preparar o caminho.

Finalmente, achamos que no âmbito diretivo em todas as instituições existem instâncias que tomam decisões referentes às políticas e aos programas de formação docente que também podem achar que estas diretrizes são úteis para determinar muito melhor suas orientações. Para todos eles, este guia prático está concebido flexivelmente na medida em que pretende atender os diversos perfis, interesses e necessidades destes públicos potenciais. Portanto, é importante mencionar como se estrutura esta caixa de ferramentas.

No primeiro capítulo diferenciamos o conceito de portfólio de docência e de portfólio acadêmico, de modo que fique claro o propósito e a abrangência de cada um. Para o primeiro tipo de portfólio nos baseamos no marco da boa docência em educação superior, e para o segundo o fizemos tendo como base o conceito ampliado de trabalho acadêmico (*scholarship*), pois são marcos de referência relevantes para entender o sentido e o potencial de cada tipo de portfólio. No segundo capítulo nos referimos às condições de caráter organizacional requeridas para que uma instituição se prepare para um processo de projeto e avaliação de portfólios acadêmicos. Este capítulo pode representar um maior interesse para os papéis que lideram a avaliação de professores no contexto universitário, e está centrado nos mecanismos e arranjos institucionais que podem dar um direcionamento claro ao uso e à avaliação do portfólio.

Por seu lado, o terceiro capítulo se enfoca em oferecer ferramentas concretas ao professor para a elaboração de um portfólio, atendendo às suas necessidades a partir de sua trajetória acadêmica. Abordamos duas perguntas estratégicas para qualquer um que encare a tarefa de elaborá-lo: identificar o propósito (para quê?) e o formato (onde elaborá-lo?). Após verificar algumas referências internacionais, sugerimos uma estrutura para um portfólio que representa somente uma possível rota de construção, suscetível de adaptar-se de acordo com o contexto institucional em que se desenvolva. Em seguida demos um conjunto adicional de orientações para garantir a qualidade do portfólio, analisando o tipo de evidência mais relevante, bem como uma possível forma de refletir sobre ela.

O quarto capítulo está dirigido aos papéis que lideram a avaliação de professores universitários para oferecer-lhes um conjunto de critérios gerais para avaliar o trabalho acadêmico em cada uma das três responsabilidades (docência, pesquisa e serviço). Aqui começamos por considerar que os comitês de avaliação dos portfólios devem estar preparados para receber estes complexos artefatos e a nossa tese é que se os referidos comitês não estão qualificados para realizar esse trabalho, todo o esforço que os professores investem na elaboração de um portfólio perderá sentido, da mesma forma que a avaliação do trabalho acadêmico como um todo.

O espírito destas diretrizes é o de respeitar a autonomia que têm as instituições educativas universitárias, bem como as diferentes formas de desenvolver um projeto acadêmico pelo professorado. Portanto, não pretendemos padronizar nem homogeneizar o trabalho acadêmico e, consequentemente, as formas de avaliação deverão respeitar essa diversidade tanto quanto seja possível. É precisamente o portfólio acadêmico aquilo que permite tornar visível estes estilos de docência, essas formas de fazer pesquisa e de exercer liderança e gestão dentro e fora da instituição universitária. Por isso, afirmamos que o portfólio se transforma em um meio para deliberar a respeito desse trabalho acadêmico, de modo que a avaliação esteja orientada para uma tomada de decisões informada e que aponte ao melhoramento não somente do professorado, mas também da qualidade do sistema educativo universitário.

Capítulo 1. O que são os portfólios acadêmicos e como se diferenciam dos portfólios de docência?

Este capítulo diferencia os portfólios acadêmicos dos portfólios tradicionais de docência. Para isso fazemos uma revisão da literatura sobre ambos os tipos de portfólio, porém além de conceitualizá-los, estabelecemos as bondades e limitações de cada uma destas estratégias no contexto universitário. Antes de falar do portfólio de docência situamos esta estratégia no marco da boa docência, pois uma tese que defendemos sobre estes portfólios é que não se trata de visibilizar nenhum tipo de docência, mas sim aquela que aponta para o seu melhoramento com o objetivo de alcançar a excelência. Do mesmo modo, para referir-nos ao portfólio acadêmico, revisamos primeiro o conceito de trabalho acadêmico (em inglês *scholarship*), pois acreditamos que entender este conceito – o que supõe e implica – acaba sendo o fundamento apropriado para falar de um portfólio acadêmico, encontrar-lhe um sentido e compreender o seu verdadeiro potencial.

Como diz a literatura, a principal razão pela qual o portfólio não é adotado, e de fato gera resistência nas universidades, é que nem os docentes nem as instituições onde eles exercem seu trabalho entendem o que é um portfólio nem reconhecem sua utilidade. Por isso esperamos que este capítulo situe expectativas e sirva para determinar o alcance que possa ter para uns e outros.

O marco da boa docência como fundamento para os portfólios de docência

Limitar os portfólios no contexto universitário a um exercício meramente técnico e descritivo para revelar o que se faz sobre a base de uma documentação mais ou menos consistente é um risco que existe quando não se fundamenta este exercício. Por essa razão, a primeira coisa que deveríamos reconhecer ao falar de portfólios de docência é aquilo que diz a literatura sobre a docência e, particularmente, sobre a boa docência. Como veremos, não pretendemos tornar visível qualquer docência, mas sim aquela que indica ser a melhor e que pode ser revisada e qualificada ao longo do tempo, como parte de um projeto de vida.

Costumamos denominar como desenvolvimento profissional docente ao campo de estudo relacionado com este progresso professoral do docente a serviço, que está ligado ao avanço profundo das razões e propósitos de ser professor, às habilidades de ensino e ao trabalho colaborativo com colegas (Evans, 2002). O desenvolvimento profissional docente pode ser definido como o processo de aprendizagem e de melhoramento dos conhecimentos, das atitudes e habilidades por meio da reflexão sobre a prática para construir teorias de ensino, expandir conhecimentos e para que o desempenho laboral na academia seja exitoso (Bacheler, 2015; Darling-Hammond, 1994; Keiny, 1994; Miller e Silvernail, 1994, citados em Caffarella e Zinn, 1999). Uma provável interpretação desta definição é que o professor se reconhece como um agente de modificação; desta maneira, deve empreender um processo prolongado e sequencial de transformação de sua prática, porque está enfocado na reflexão para experimentar e implementar inovações que resulta no melhoramento de seu trabalho (Evans, 2002).

A participação em experiências que promovam o desenvolvimento professoral docente será possível se houver apoio financeiro, flexibilidade com o tempo e se for suscitado um clima institucional adequado (Bacheler, 2015). Existem fatores que possibilitam e que impedem que os professores participem destas experiências que, em palavras de Caffarella e Zinn (1999), são quatro domínios: as relações interpessoais, as estruturas institucionais, os compromissos pessoais e as características intelectuais e psicossociais. Em um cenário onde as condições estão dadas para que os docentes participem destas experiências, é possível a qualificação professoral que resulta em um melhoramento absoluto do desempenho no trabalho. Levando em conta este marco no desenvolvimento profissional de um docente universitário e as condições requeridas para esse desenvolvimento, agora vale a pena concentrar-se na boa docência que é a base para falar de portfólios de docência.

Um referente comum, amplamente divulgado dentro e fora da academia, é o trabalho de Ken Bain (2004) relacionado com o que fazem os melhores professores universitários. Em seu estudo, pelo menos dez características são identificadas sobre o que – pelo menos no contexto norte-americano – seriam os atributos de um excelente docente. Além de conhecer muito bem sua matéria de estudo e de apaixonar-se por sua própria disciplina, o bom docente é aquele que planeja suas aulas como esforços intelectuais tão importantes como a sua pesquisa. Além disso, estes bons docentes são aqueles que esperam e exigem muito mais do que normalmente faria um docente convencional e, portanto, se caracterizam por confrontar seus alunos a problemas atrativos, intrigantes e autênticos.[1]

Olsen (2016) também menciona outro conjunto de atributos que caracterizam o bom docente:

- Sabe muito bem o que seus alunos precisam aprender e com esse propósito *planeja* tudo o que terá de acontecer para que essas aprendizagens sucedam.
- Utiliza uma variedade de estratégias pedagógicas em vez de preferir uma única.
- Convida seus alunos a ter conversações autenticamente acadêmicas em vez de dar-lhes somente informação para memorizar.
- Se caracteriza por ser rigoroso e ter altas expectativas sobre seus estudantes, porém ao mesmo tempo mostra-se compreensivo e empático ao

---

[1] Em pedagogia se entende como autêntica aquela atividade que enfrenta o aluno a uma situação o mais próximo possível ao mundo das profissões. Noutras palavras, as atividades são mais autênticas enquanto mais próximas estejam do mundo do trabalho e das situações relacionadas com a resolução de problemas que um aluno enfrentará futuramente como profissional (Nitko e Brookhart, 2004).

reconhecer as dificuldades e condições que implica ser um aluno universitário em formação.

- Interage com seus alunos de tal forma que reconhece neles interlocutores com experiência, ponto de partida para avançar em sua aprendizagem.
- Um bom docente faz com que suas aulas sejam um espaço para compartilhar suas dúvidas e dificuldades acadêmicas, bem como as perguntas e confusões que acompanham seu caminho investigativo. Isso, em vez de mostrar-se como alguém que somente conta com respostas e certezas.
- Utiliza a avaliação como uma forma de promover a aprendizagem e por isso a avaliação formativa – não somente a sumativa – faz parte de sua docência.

Outro referente que é útil é a meta-análise realizada por Henard e Leprince-Ringuet (2008) para a Organização para a Cooperação e o Desenvolvimento Econômicos (OCDE), onde se abordam diversos estudos sobre a qualidade da docência em educação superior. Neste estudo a evidência relatada na pesquisa revela características comuns:

- *Empatia.* O bom docente não se preocupa apenas em agradar seus alunos, mas desenvolve uma sensibilidade para reconhecer o grau de seu progresso e daí poderá agir para direcionar sua docência.
- *Organização e expressividade.* Além de ter paixão pelo conteúdo disciplinar que ensina e por conseguir que seus alunos o dominem, o bom docente é aquele que apresenta o material de forma organizada e desenvolve destrezas para comunicá-lo de forma significativa a seus alunos.
- *A boa docência está centrada no aluno.* Como veremos, o portfólio de docência se refere ao que *faz o professor*, e também *àquilo que ocorre* com os seus alunos. Se assumimos que o objetivo central da docência é alcançar a aprendizagem nos alunos, então a boa docência não somente considera as destrezas pedagógicas, mas também cuida do projeto do ambiente de aprendizagem e atende as necessidades do aluno que chega à sala de aula.

Atingindo este ponto podemos então perguntar: além destes e outros tantos atributos que se identificam em relação à boa docência, como se pode avaliar? Finalmente, não basta somente com reconhecer essas características para logo generalizar estes atributos, também seria necessário indagar sobre qual é a melhor forma de avaliar um docente partindo destas características em função do contexto em que realiza o seu trabalho.

O campo da avaliação da docência universitária se consolidou ao mesmo tempo que os marcos que definiram a boa docência. Isto na medida em que, se falarmos de características no docente como o conhecimento da matéria que ele ensina, o grau de comunicação clara com os alunos ou as habilidades de organização (Neumann, 1994), serão estes mesmos atributos os que serão levados em conta no momento de avaliar o desempenho de um docente. Certamente, estes marcos são os que tornaram possível a criação de padrões e competências para a boa docência, como o planejamento do curso, a preparação de conteúdos disciplinares, a comunicação com os alunos e inclusive a capacidade de reflexão e pesquisa da própria docência (Zabalza, 2003).

A avaliação da docência não foi alheia aos momentos históricos. Para responder às necessidades particulares desses contextos, a transformação dos propósitos da avaliação foi indispensável. Até os anos sessenta a avaliação da docência tinha como objetivo responder à demanda estudantil. Os movimentos sociais dos anos setenta fizeram com que se pensasse esta avaliação em termos de melhoramento e de desenvolvimento das faculdades. Durante os anos oitenta e noventa privilegiaram-se as necessidades do tipo administrativo e deixaram de lado professores e alunos. A princípios do século XXI a avaliação começa a caracterizar-se por um novo interesse em melhorar a educação, de onde surge uma demanda social que questiona o papel da universidade e a exigência dos professores por uma avaliação justa e precisa (Ory, 2000).

O acima exposto mostra que a avaliação da docência não é estática; pelo contrário, é dinâmica e obriga as universidades e unidades acadêmicas a avaliar com frequência os seus instrumentos de avaliação para configurá-los e fazer com que sejam mais justos e equitativos em concordância com a razão de ser da docência. A avaliação da docência é complexa porque requer adaptar-se a condições particulares e a paradigmas estabelecidos. A esse respeito, Stake, Contreras e Arbesú (2011) desenvolvem um conjunto de *critérios* e *incidentes críticos* para avaliar a docência a partir de uma perspectiva quantitativa e outra qualitativa. Definem critérios como uma propriedade característica de algo que permite calcular sua qualidade, classificar e tomar decisões. A partir desta perspectiva se denomina incidente crítico a "um evento ou condição por meio do qual a qualidade pode ser julgada" (Flanagan, 1954, citado em Stake *et al.*, 2011, p. 163). Se do que se trata é de avaliar o trabalho docente, estes seriam os critérios e índices críticos comuns (Stake *et al.*, 2011, p. 164) (tabela 1):

Tabela 1. **Critérios e incidentes críticos para avaliar a docência**

Critérios	Incidentes críticos
Desempenho do professor	Julgar o desempenho implica julgar o que o professor realmente faz.
Competência do professor	Avaliar a competência implica avaliar ou medir o que o docente é capaz de fazer. Por exemplo, por meio de uma entrevista e da revisão de portfólios é possível avaliar a compreensão do docente sobre o tema que ele ensina.
Interpretação do currículo	A docência é julgada pela forma em que os professores priorizam e interpretam os temas contidos no currículo. Aqui consta, por exemplo, a capacidade de cobrir todo o plano de estudos e evitar oferecer interpretações controversas dos temas.
Deveres	Os critérios sobre o que o professor está obrigado a fazer são definidos a priori por contrato, ética profissional ou costumes. Aqui temos aspectos tais como a preparação e a presença nas aulas (Scriven, 1967).
Personalidade	Os critérios se baseiam em certas características ideais do professor, como a empatia, o sentido de humor ou a relação com os alunos.
Trabalho em equipe	O trabalho em equipe é uma competência específica relacionada com o tratamento pessoal e o compromisso para o trabalho em colaboração com outros, particularmente com os membros do departamento.
Desempenho dos alunos	Uma maneira de medir a docência é basear-se nas qualificações dos alunos, projetos, desempenhos ou pontuações em testes padronizados.

Fonte: elaboração própria com base Stake e Cisneros-Cohernour (2000).

O que são os portfólios de docência?

Portefeuille é uma palavra francesa que significa "carteira de mão para levar livros ou papéis" (Arbesú e Argumedo, 2010, citados em Arbesú García e Díaz-Barriga, 2013). Embora a origem dos portfólios no campo educacional não seja clara, costuma-se rastreá-la em profissionais das disciplinas como artes, *design*, arquitetura e fotografia, que como parte de sua trajetória profissional construíram portfólios para apresentar seus melhores trabalhos e desta maneira se candidatar para um anúncio de emprego. É possível que a ideia de incorporar o portfólio na docência tenha surgido dessa experiência. Vemos uma prova disso no trabalho de 1980 *Guide to the teaching dossier: its preparation and use*, desenvolvido pela Canadian Association of University Teachers (CAUT), onde se expressa a preocupação pelo relegado papel que mantinha a docência dentro das responsabilidades universitárias no referido contexto (Shore *et al.*, 1980). Neste âmbito, o portfólio acabou sendo um acertado recurso com o qual se podia documentar, verificar e reconhecer os esforços por realizar uma boa docência.

Em 1983 Foster, Harvop e Page publicaram o primeiro relatório sobre o uso prático do portfólio, no qual incluíam exemplos da Faculdade de Odontologia da Universidade da Columbia Britânica. Em 1987, a Federation of Australian University Staff Association (FAUSSA) levou em conta a experiência canadense e adotou o uso do portfólio como uma ferramenta de melhoramento da capacidade pedagógica. Como produto desta experiência foi publicado o texto *How to compile a teaching portfolio* (Roe, 1987).

Estados Unidos não ficou alheio a esta discussão, pois devido às reformas educativas no início dos anos oitenta e devido à discussão sobre o papel desempenhado pelas universidades, surgiu um movimento que se interessou pela procura de instrumentos para avaliar a docência. Este movimento compartilhava a mesma preocupação canadense referente ao papel da docência em comparação com o da pesquisa: embora os professores tivessem a docência e a pesquisa como responsabilidades essenciais, terminavam sempre privilegiando as atividades relacionadas com a pesquisa. Exemplo deste movimento é o Teacher Assessment Project da Universidade de Stanford, que desafiou esta tradição ao propor que os docentes sistematizassem sua prática para documentá-la, refletir sobre ela e transformá-la (Haertel, 1991). Por certo, a Universidade de Stanford recebe o crédito de ser a primeira a utilizar o portfólio do professor como um mecanismo alternativo para avaliá-lo.

Já na década de noventa e no contexto universitário aparecem novas reflexões sobre o portfólio docente. Nos Estados Unidos o trabalho de Seldin *et al.* (2010) é útil ao divulgar o seu significado e sua estrutura. Por sua vez, na América Latina se reconhece o trabalho de Zamorano, instituição que desde 1994 adotou o portfólio como um mecanismo para a melhoramento e a promoção dos professores através da implementação de estratégias como os *workshops* "Façamos um portfólio", com o apoio do projeto EAP- República Federal da Alemanha em 1995. Do mesmo modo, se reconhece o trabalho liderado por María Arbesú da Universidad Autónoma Metropolitana (Cidade do México) com o projeto *O portfólio como um recurso inovador para avaliar e melhorar o ensino universitário*, e as pesquisas e projetos do Grupo de Pesquisa em Docência, Projeto Educacional e TIC da Universidade Nacional Autônoma do México (UNAM), coordenados por Frida Díaz-Barriga e Marco Antonio Rigo (Arbesú García e Díaz-Barriga, 2013; Moreno, 1996).

Estes projetos expressam as preocupações ao redor do papel que cumpre a docência dentro do trabalho do professor, em muitas ocasiões opacada pela pesquisa. Nestes contextos, os portfólios foram adquirindo relevância por ser: (1) um recurso que permitia documentar, verificar e reconhecer os esforços por realizar uma boa docência; (2) uma ferramenta de melhoramento da capacidade pedagógica, e (3) uma oportunidade para que os docentes sistematizassem sua prática para compreendê-la e gerar estratégias de mudança (Arbesú García e Díaz-Barriga, 2013; Foster *et al.*, 1983; Haertel, 1991; Moreno, 1996; Roe, 1987; Shore *et al.*, 1980).

Após esta breve resenha histórica, é necessário mencionar o que define um portfólio de docência. Esta ferramenta proporciona evidência documentada sobre a prática docente (Marín Uribe *et al.*, 2012; Mellado Hernández, 2010; Rigo Lemini, 2013; Vallina Pérez, 2008). Tal evidência revela o desenvolvimento profissional docente que, como dissemos, permite que esta docência seja suscetível de ser revisada e, consequentemente, qualificada.

Assim, no processo de selecionar e organizar o material para um portfólio, tal exercício obriga a pensar aquela pessoa que o elabora. Precisamente, uma das suposições de onde parte um portfólio é que há um docente que pensa a respeito da sua própria prática docente (Conzuelo, 2013); outra suposição importante é que o ensino está concebido como um processo contínuo de indagação, experimentação e reflexão (Vanderbilt University, 2018).

Reunindo a tradição dos artistas e *designers*, o portfólio visa demonstrar a qualidade ou o nível alcançado em uma profissão a partir da evidência do trabalho mais destacado. No caso do portfólio docente, este avalia tanto o produto quanto o processo e requer ambos os enfoques para medir o desempenho docente. Imerso em um processo de avaliação, o portfólio docente é útil para que o professor conheça a fundo a sua prática e isto dá origem a perguntas às que dará resposta (Arbesú García e Martínez Gutiérrez, 2013).

Para o desenvolvimento de um portfólio docente é indispensável que o professor realize uma compilação sistemática de documentos e de materiais. Estas evidências devem refletir os alcances e a qualidade das atividades realizadas pelo professor nas diferentes etapas do processo de ensino. É importante mencionar que se sugere uma sistematização dinâmica que, se bem é útil como uma ferramenta que proporciona provas da prática docente, também é uma estratégia de comunicação que impulsa o docente a refletir e gerar estratégias para o melhoramento da sua prática (Marín Uribe *et al.*, 2012; Mellado Hernández, 2010; Rigo Lemini, 2013; Seldin e Miller, 2009; Vallina Pérez, 2008).

Diante da pergunta sobre a utilidade dos portfólios, podemos identificar pelo menos quatro no contexto universitário:

- Promove o melhoramento da docência. Como dissemos, não se trata de mostrar qualquer docência, mas sim aquela que é suscetível de ser revisada para melhorar os aspectos que de modo crítico devam ser ajustados.
- Documentação e visibilização de práticas inovadoras. O portfólio em geral é uma ferramenta que mostra aquela coisa que pode passar despercebida para qualquer colega ou avaliador do estágio de um docente. Particularmente, os processos e produtos de inovação em contextos educacionais merecem ser visibilizados e o portfólio se apresenta como uma ferramenta privilegiada para este fim.

- Avaliação do desempenho. Como um processo periódico definido por muitas instituições educativas para o seu pessoal tanto acadêmico quanto administrativo, a avaliação gera a necessidade de contar com ferramentas para emitir pareceres sobre o desempenho do pessoal. O portfólio é uma ferramenta pertinente para avaliar as funções e as competências definidas pela organização, não apenas para a equipe acadêmica, mas também para a equipe administrativa.[2]

- Ordenamento professoral. É comum considerar que o portfólio de docência é um insumo importante para processos de ascenso professoral. Como afirmamos neste livro, o portfólio de docência pode ser útil para dar informação sobre as práticas de docência, porém não é suficiente para um processo de avaliação que leva em conta outras duas funções centrais do trabalho acadêmico: a produção acadêmica e as atividades de desenvolvimento institucional ou de serviço. Por isso, preferimos incluir o portfólio de docência como parte de um portfólio acadêmico, assunto que mais adiante desenvolveremos.

Talvez seja a definição dada por Stake e Conzuelo-Serrato (2010) a que achamos mais ajustada e relevante sobre a utilidade do portfólio docente. Para os autores esta estratégia mostra o *mérito, a diversidade, a história* e *a complexidade* do trabalho de um professor. Achamos que é possível usar esta mesma definição para referir-nos ao portfólio acadêmico no sentido de que se trata de valorizar o trabalho acadêmico em termos de mérito, diversidade, história e

---

[2] Um portfólio administrativo é a compilação cuidadosa de documentos e suas reflexões sobre as habilidades de liderança tanto nos processos individuais quanto nos coletivos para cumprir os objetivos das unidades ou faculdades. Este portfólio pode ser distribuído em três grandes partes: a primeira deve abordar os propósitos, justificação e implementação dentro da faculdade; logo deve estabelecer uns critérios ou indicadores que permitam observar o seu cumprimento sob os parâmetros e competências que respondam às características do contexto socioeconômico e cultural e, finalmente, deve ter alguns critérios para a sua avaliação. Os benefícios de construir estes portfólios são dados pelo reconhecimento do árduo trabalho do professor administrativo, por incentivar a reflexão e a renovação, e neste caso, no âmbito individual e coletivo. Porém, a desvantagem ocorre pela escassez de tempo para a sua elaboração e por possíveis conflitos de objetividade na avaliação devido à posição do avaliado (Seldin e Higgerson, 2002).

complexidade de um estágio, prática que transcende a docência articulando-a com outras responsabilidades, tais como a pesquisa e o serviço.

Como propõem Seldin *et al.* (2010), o fato de que os docentes possam elaborar portfolios de docência é um sinal muito forte da importância dada por uma instituição ao ensino. No segundo capítulo veremos que a dimensão organizacional é igualmente importante uma vez que a instituição deve proporcionar ferramentas e condições para elaborar um portfólio: não serve para nada saber o que é e como elaborar um portfólio de docência se o ambiente de trabalho não o reconhece nem o constata como uma estratégia para tornar visível o trabalho acadêmico.

Tipos de portfólio de acordo com seu propósito

Vimos até este momento que os portfólios têm benefícios e usos para os professores e para as faculdades; nesta seção falaremos dos tipos de portfólios de docência que existem de acordo com seus propósitos.

Como já mencionamos, a tradição dos portfólios deriva do grêmio de artistas e *designers* que, como profissionais documentam e apresentam os seus desempenhos mais destacados após uma certa trajetória em seu próprio campo. Em educação, os portfólios começam como uma estratégia dirigida aos aprendizes, que posicionam seus produtos de aprendizagem para que sejam uma amostra do seu desempenho a ser avaliada pelo docente ou por seus parceiros (Arbesú García e Díaz-Barriga, 2013).

Nos interessa muito reconhecer estes antecedentes, pois em relação aos portfólios de alunos, identificamos três tipos, dos quais destacaremos alguns atributos suscetíveis de ser estendidos aos portfólios de docentes universitários. A esse respeito, Taylor e Nolen (2005) identificam os seguintes tipos:

- Portfólios de exibição ou destaque (*Showcase portfolio*). São configurados a partir de uma amostra dos melhores exemplos de desempenho, apresentando o trabalho mais destacado que o autor quer mostrar.
- Portfólios de crescimento (*Growth portfolio*). Diante de um domínio, de uma habilidade ou de uma competência, estes portfólios mostram o seu desenvolvimento e melhoramento progressivo ao longo do tempo.

- Portfólios de processo (*Process portfolio*). Seguem a mesma lógica de mostrar um processo de melhoramento, porém não se centralizam em um domínio ou competência de um indivíduo e sim no desenvolvimento de um projeto. Seu olhar se enfoca então no cumprimento das etapas desse projeto.

Consideramos que os portfólios tanto de docência quanto acadêmicos deveriam ter o objetivo de ser uma boa combinação dos dois primeiros tipos. Na verdade, as diretrizes que propomos neste livro consideram que um professor universitário deveria mostrar o melhor desempenho possível em cada uma das dimensões e responsabilidades de seu trabalho. Mas ao mesmo tempo, do ponto de vista de um desenvolvimento profissional que busca o melhoramento contínuo, é necessário ver o portfólio como uma estratégia que aponta para o desenvolvimento de competências – reconhecidas de maneira explícita por sua organização ou pelo menos a partir dos referentes mencionados –, de modo que se possa demonstrar as mudanças e melhoramentos permanentes por meio dele.

Já no contexto propriamente universitário, a literatura identificou outras tipologias que também é importante reconhecer. Assim, os *portfólios de credenciamento* enfocam sua atenção na compilação de evidências que documentam a docência, nutrindo-a simultaneamente; neste tipo de portfólio não há uma experiência de reflexão da prática. Os *portfólios de formação* diferem do anterior porque centram o olhar na reflexão e autoavaliação da prática docente para a tomada de decisões dirigidas para a sua transformação e melhoramento. Em suma, a importância é maior no processo de construção do portfólio e menor na entrega final de um produto (Arbesú García e Martínez Gutiérrez, 2013; Bozu, 2012; Marín Uribe *et al.*, 2012).

Como se estrutura um portfólio de docência?

A seguir, nos referimos brevemente ao que a literatura reconhece como a estrutura possível de um portfólio de docência. O fazemos assim, pois no terceiro capítulo retomaremos de modo mais preciso esta estrutura e proporemos uma na qual o portfólio de docência esteja embebido dentro de um portfólio acadêmico.

Como mencionamos, uma característica central do portfólio de docência é incentivar a reflexão sobre a prática. De modo geral, a literatura apresenta a estrutura do portfólio de docência composta por uma declaração de responsabilidades docentes, uma filosofia de ensino, uns objetivos de ensino, a descrição tanto de algumas estratégias de ensino quanto dos materiais didáticos utilizados, e também uma declaração final sobre os esforços para melhorá-la (Seldin *et al.*, 2010).

Para estes autores, uma possível estrutura do portfólio se compõe de nove seções. Cada uma delas deveria ter uma extensão de mais ou menos duas páginas, que seriam uma reflexão sobre cada dimensão da docência. A nona seção é propriamente uma seção que reúne os documentos de suporte ou os anexos com toda a evidência. O autor do portfólio deverá então referir-se permanentemente a este apêndice quando faça afirmações sobre sua prática docente. A seguir resumimos a estrutura que Seldin *et al.* (2010) propõem:

- Uma declaração sobre as responsabilidades da docência.
- Uma declaração sobre a filosofia docente.
- Uma descrição dos objetivos do ensino (ou da aprendizagem), bem como das estratégias e metodologias utilizadas.
- Uma descrição dos recursos educacionais (programas de cursos, guias, tarefas, entre outros).
- Esforços por melhorar a docência (aqui incluímos revisões a programas formativos, conferências relacionadas com o ensino no próprio campo e inovações educativas em docência).
- A avaliação feita pelos alunos dos cursos oferecidos pelo professor.
- Evidências da aprendizagem dos alunos.
- Uma declaração das metas para docência para os próximos cinco anos.
- Anexos com os documentos que constatam a evidência.

Autores como Bozu (2012), Marín Uribe *et al.* (2012) e Rigo Lemini (2013) propõem uma estrutura para o portfólio de docência onde se inclui uma apresentação geral que descreve a identidade da docência com os elementos mais relevantes do ser da docência enquadrados na estrutura curricular, nas metas de ensino, nos objetivos de aprendizagem e na reflexão sobre a filosofia do ensino e da aprendizagem. Além disso, deve contar com uma seção para aprofundar na prática docente ao responder como ensina, como avalia e quais são os resultados obtidos.

Por outro lado, os autores mencionados propõem uma análise das interpretações e compreensões do professor acerca de suas ações, uma avaliação crítica da prática docente para a identificação de fortalezas e debilidades, uma manifestação das expectativas suscitadas pelos projetos relacionados com a trajetória profissional e pessoal, e a apresentação do desenho de ações que serão realizadas para o melhoramento do desempenho docente expostas como metas.

As evidências: seleção daquela que melhor documenta o trabalho docente

Até aqui descrevemos a necessidade de sistematizar o desempenho docente mediante a compilação de documentos seguindo uma possível estrutura. Porém, surgem perguntas a respeito do tipo de materiais e suportes que podem ser utilizados. Para responder a isto, a literatura propõe os seguintes tipos de evidências (Bozu, 2012; Cano e Imbernon, 2003):

- Documentos desenvolvidos a partir do trabalho do docente: diários reflexivos sobre as aprendizagens, gravações em áudio e vídeo, notas de campo, arquivos com o desempenho dos alunos, registros de aula e autoavaliações.
- Documentos elaborados por outros atores: enquetes de percepção dos alunos, revisão por pares, comentários dos mentores e dos pares que têm conhecimento do trabalho desenvolvido fora da sala de aula.
- Prêmios recebidos, reconhecimentos e convites de outras instituições para apresentar seu trabalho.
- Materiais produzidos pelos alunos: referidos a bons desempenhos dos alunos como prova da sua aprendizagem, assim como a concretização de objetivos ou competências desenvolvidas em sua passagem por um processo de formação.

Possibilidades e limitações dos portfólios de docência

Em nosso trabalho com professores universitários pudemos identificar um conjunto de oportunidades apresentadas em portfólios de docência, ao mesmo tempo que reconhecemos o alcance e as possíveis limitações que pode ter esta estratégia. É possível que neste ponto o leitor entenda a construção do portfólio docente como uma atividade que demanda muito tempo. Como acadêmicos sabemos que as obrigações diárias envolvem longas jornadas de trabalho que normalmente abrangem outros espaços fora da jornada de trabalho. Em relação ao investimento de tempo – e levando em conta que construir um portfólio envolve horas extras de trabalho – surge a pergunta: por quê /para quê construir um portfólio de docência?

Construí-lo tem vários benefícios. Para começar, ajuda o professor a conhecer detalhadamente sua prática, os aspectos que a fortalecem e os que a debilitam. Neste sentido, o professor compreende a razão de fazer e de ser dos conteúdos, recursos, metodologias e didáticas que desenvolve em suas salas de aula (Arbesú García e Martínez Gutiérrez, 2013; Bozu, 2012; Cano e Imbernon, 2003; Guerrero Cuentas, 2015; Marín Uribe *et al.*, 2012). Por outro lado, o portfólio de docência é uma atividade de aprendizagem porque incentiva a reflexão individual sobre os processos de ensino. Isso permite dilucidar que o ensino evolui e que um dos indicadores é a preparação de materiais inovadores que atendam às necessidades de aprendizagem dos alunos.

Além dos benefícios mencionados, os portfólios de docência são úteis tanto para os docentes quanto para as faculdades e universidades (Arbesú García e Díaz-Barriga, 2013; Arbesú García e Martínez Gutiérrez, 2013; Bozu, 2012; Cano e Imbernon, 2003; Guerrero Cuentas, 2015; Lyons, 1999; Rigo Lemini, 2013). Os docentes podem empreender uma posição acadêmica diferente quando apresentam seu desempenho docente por meio dos portfólios de docência (Seldin *et al.*, 2010). Isto se justifica porque há uma verdadeira compreensão do ensino que permite que o docente reflita e, portanto, os processos com os alunos conseguem ser situados e significativos.

Sobre as faculdades ou departamentos, estes podem gerar espaços de construção coletiva de uma cultura organizacional que lhes permita conhecer e socializar suas práticas docentes, dentro e fora da referida unidade acadêmica.

O exposto resulta em uma sistematização prévia que facilita futuros processos de credenciamento das competências profissionais do professorado. Finalmente, é um insumo para a entrega de prêmios e reconhecimentos para os docentes que se destacam por seu trabalho.

Não obstante, pese às possibilidades oferecidas pelo portfólio e que foram apresentadas, devemos reconhecer suas limitações com o objetivo de buscar estratégias para mitigar dificuldades na sua elaboração e brindar oportunidades de melhoramento. Quando o propósito do portfólio docente é uma avaliação com resultado sobre o salário ou o vínculo de trabalho, se perde o sentido formativo da avaliação; a escolha do material pode ser condicionada aos interesses da avaliação e não existe uma reflexão crítica da prática.

Outro elemento considerado como uma limitação é que a construção de um portfólio de docência deveria ser um processo que ocorre desde o início do trabalho do professor; deixá-lo para o final se transforma em uma atividade extenuante que pode cair na compilação sistemática de evidências. Finalmente, e como temos insistido, o portfólio de docência não considera a reflexão de todas as funções da docência, ou seja, não se leva em consideração a produção acadêmica nem o desenvolvimento institucional, o que torna invisível a compreensão integral do trabalho de professor universitário. O próprio Shulman (1998), atribuído como um dos que cunha o termo *portfólio* e que mostrou suas bondades, também expressou que pode se transformar em um ato de exibição, que pode conduzir à padronização da docência se não for implementado adequadamente e que também pode ser construído trivialmente, demandando muito tempo para sua realização.

Levando em conta estas limitações, o resto deste capítulo se centraliza no portfólio acadêmico como uma ferramenta muito mais robusta e integral para valorizar o trabalho realizado por um professor universitário.

A noção de trabalho acadêmico (*scholarship*) como marco para a construção de portfólios acadêmicos

Após definir conceitualmente o portfólio de docência nos referimos agora ao portfólio acadêmico. Como dissemos, defendemos a ideia de que para falar de um portfólio acadêmico, encontrar-lhe sentido e entender o seu verdadeiro potencial, devemos verificar perfeitamente o conceito de trabalho acadêmico. Nos referimos ao termo em inglês *scholarship*, que nem sempre é fácil de traduzir ao português, então optamos por usar a expressão *trabalho acadêmico*, uma vez que significa a prática profissional que pretendemos analisar e visibilizar neste livro através do portfólio.

O nosso ponto de partida obrigatório é o relatório elaborado por Ernest Boyer (1990), que na década de noventa realizou um estudo financiado pela Fundação Carnegie intitulado *Scholarship reconsidered: priorities of the professoriate*. Este estudo pretendia avançar no debate sobre a tensão entre docência e pesquisa, ampliando o conceito de trabalho acadêmico (*scholarship*) sob a compreensão de que o trabalho que um professor universitário faz não se limita a uma única tarefa.

Contando com os dados de uma enquete aplicada a mais de 5000 professores universitários nos Estados Unidos, a Fundação Carnegie vinha explorando as atitudes e valores neste e noutros quatro estudos prévios num período de mais de 25 anos. Esta última enquete explorava especificamente a docência, a pesquisa, o processo de escalão professoral, o status profissional, bem como o nível de satisfação dos professores entrevistados. Como Boyer contava com uma janela de tempo de 25 anos nos dados que possuía, ele conseguiu estabelecer mudanças a o longo do tempo e chegou a expor:

> O que precisamos na educação superior é de um sistema de incentivos que retrate tanto a diversidade de nossas instituições quanto a intensidade do trabalho acadêmico. O desafio é conseguir um equilíbrio entre a docência, a pesquisa e o serviço, uma postura que é defendida por dois terços dos acadêmicos atuais, que afirmam: "em minha instituição, precisamos de melhores mecanismos, adicionais à publicação, para avaliar o desempenho do trabalho acadêmico". (citado em Glassick, 2000, p. 878)

Precisamente, uma das descobertas do estudo é a supervalorização da produção acadêmica sobre a docência. Em efeito, Boyer descobre que o 70% está interessado na docência e não somente na pesquisa. De fato, os professores consideravam neste estudo que existe um excessivo interesse pela pesquisa e pela publicação como meio para receber uma promoção. Assim, muitos deles percebiam que o principal critério para a promoção deveria ser a docência e não a publicação, pois é à docência que eles dedicam muito mais tempo e esforço. Porém, inclusive no campo da pesquisa, um 42% dos docentes acreditava que suas publicações eram somente contadas, mas não qualitativamente valorizadas (Boyer, 1990).

Boyer identifica pelo menos quatro tipos de trabalho acadêmico que vale a pena descrever brevemente, devido a que tradicionalmente o termo *scholar*, que em português poderíamos traduzir como *experto*, está referido de maneira privilegiada às atividades de pesquisa e publicação. O acadêmico é o experto, o que tem um status procedente de sua especialização em um campo de estudo e pesquisa e que se reflete em suas publicações e conferências no meio universitário. Ao estender a noção do que é um acadêmico, Boyer pode então mostrar que seu trabalho é mais amplo e que esse sistema de reconhecimento deveria avaliar os quatro tipos que identifica.

Por um lado, estaria o trabalho acadêmico de descobrimento (*scholarship of discovery*). Este se refere à visão clássica do professor que pesquisa e logo faz publicações em função dos resultados, tornando-se um especialista e experto em seu campo disciplinar. Para Lubbe (2015), pesquisar requer qualidades como o entusiasmo pelo tema, a criatividade, o pensamento crítico, a perseverança e a atenção ao detalhe. Afirma, do mesmo modo, a propósito da relevância desta ênfase do trabalho acadêmico, que a procura do conhecimento deve ser cultivada e defendida diligentemente, pois em um mundo complexo e vulnerável o descobrimento de um novo conhecimento é absolutamente crucial.

Um segundo tipo é o trabalho acadêmico de aplicação (*scholarship of application*). De acordo com Boyer (1990) está relacionado com as atividades de serviço que nem sempre são bem valorizadas pelas instituições educativas universitárias, pois estas assumem que não são "trabalho acadêmico sério, em parte porque seu significado é vago e frequentemente desconectado do trabalho intelectual rigoroso" (p. 22). O próprio Boyer desmente que este não seja um trabalho sério; de fato o reconhece como demandante e rigoroso, pois conjetura uma interação vital entre a teoria e a prática, pois é um conhecimento que primeiro foi descoberto e logo foi aplicado em contextos não acadêmicos que requerem a solução de problemas reais.

Para Renwick *et al.* (2020) este se refere a um trabalho desenvolvido por um professor dentro e fora da academia, embora se relacione diretamente com sua disciplina. Dentro das atividades associadas estão: o trabalho em instituições públicas ou oficiais, participar em comitês de diferente natureza ou colocar a serviço da comunidade o conhecimento acadêmico para sugerir soluções coletivas às suas problemáticas (Antonio, 2002; Brown, 1998; Candy, 2000).

Um terceiro tipo seria o trabalho acadêmico de integração (*scholarship of integration*). A referida integração se refere ao esforço de um acadêmico por colocar em perspectiva os fatos isolados de sua disciplina, o que supõe estabelecer conexões entre diferentes campos de conhecimento, iluminando os dados para comunicar e até mesmo formar aqueles que não sejam especialistas (Boyer, 1990). Com este tipo de trabalho procuramos responder à necessidade de uma integração entre diferentes campos do conhecimento, apostando pela interdisciplinaridade. Além disso, se a pergunta do trabalho acadêmico de descobrimento é: o que falta ainda por conhecer?, a pergunta do trabalho acadêmico de integração será: o que significam estes descobrimentos?, referindo-se a que o professor universitário deve fazer um esforço por interpretar o que foi descoberto de modo que proporcionem uma compreensão maior para um público mais amplo (Adkins, 2009; Boyer, 1990). O trabalho acadêmico de integração pode ser avaliado como um processo no qual se propõem soluções após analisar rigorosamente um problema, a utilidade e a relevância a partir do enfoque disciplinar e das habilidades para gerar conexões entre disciplinas que resultam no fortalecimento dos campos de estudo (Gordon, 2007).

Finalmente, está o trabalho acadêmico de docência (*scholarship of teaching*). Este se refere às atividades de ensino e é aqui onde Boyer (1990) reivindica a importância que pode ter esta última dimensão do trabalho acadêmico como algo que deve tender para a excelência e, portanto, ser avaliado com o mesmo rigor e transparência com que se avalia o trabalho de descobrimento. Para Adcroft e Lockwood (2010) o trabalho de Boyer deve ser reconhecido porque abriu o debate sobre o trabalho acadêmico, mostrando o quão limitado era ao referir-se exclusivamente à dimensão investigativa.

Embora a literatura seja ampla e variada, não existe um consenso na hora de definir o trabalho acadêmico de docência. Porém, Adcroft e Lockwood (2010) mencionam algumas características sobre o *scholarship of teaching* baseados no trabalho de Boyer e autores como Trigwell, Martin, Benjamin e Prosser (2000): (1) vai além da sala de aula e exige a compreensão teórica entre ensino e aprendizagem; (2) não é algo imposto no sentido de que os professores tomam a decisão voluntária de fazer parte desta comunidade, para a qual deveriam existir algumas diretrizes que reconheçam a docência com o mesmo status que a pesquisa, e (3) promove o fortalecimento das comunidades de prática para "manter vivas as chamas da erudição" (Boyer, 1990, p. 24), o que descreve uma necessidade tanto de compartilhar a prática quanto de avaliá-la e interpretá-la (Adcroft e Lockwood, 2010, p. 480).

É importante destacar a inovação sugerida por Boyer em seu relatório ao ampliar a noção de trabalho acadêmico e, nessa medida, mostrar sua complexidade. Cabe mencionar que o relatório de Boyer causou uma reação muito forte no campo da educação superior, uma vez que obrigou a repensar toda uma tradição universitária que desconhecia a voz do professorado universitário, bem como os mecanismos para avaliar seu trabalho.

Parte das diversas reações ao relatório de Boyer supôs um novo estudo que em 1994 inquiriu a três tipos de atores relevantes sobre os critérios para avaliar a produção acadêmica. Para isso entrou em contato com 51 agências financiadoras de projetos de pesquisa (como vocês tomam a decisão de qual proposta financiar?), 58 diretores de editoras universitárias (que critérios vocês usam para selecionar um manuscrito para ser publicado?) e 31 editores de revistas acadêmicas (o que vocês pedem aos juízes avaliadores que revisem?). Produto deste trabalho foi a identificação de seis critérios padrão que, em princípio, deveriam ser lugares-comuns para reconhecer a qualidade do trabalho acadêmico:

- Metas claras.
- Preparação adequada.
- Métodos apropriados.
- Resultados significativos.
- Comunicação eficaz.
- Crítica reflexiva.

Posteriormente, no ano 2000 realizou-se uma conferência titulada "Scholarship reconsidered reconsidered", referindo-se a uma revisão e proposta de avaliação do trabalho acadêmico posterior ao relatório de Boyer. Mais de 1400 representantes de instituições universitárias participaram deste evento, apresentando contribuições que originaram um debate sobre os critérios e ferramentas para avaliar a noção de trabalho acadêmico ampliado.

Desde então, uma grande quantidade de documentos e referentes estão sendo produzidos (Allen, 2002; Gibbons, 1998; Jarvis, 1992; Lynton, 1995; Nicholls, 2005; Rice, 1996; Shulman, 1999). Particularmente destacam as contribuições relacionadas com o trabalho de docência (*scholarship of teaching*), pois um dos efeitos do relatório de Boyer (1990) foi a reivindicação deste tipo de trabalho com respeito a outros realizados por um professor universitário (Adcroft e Lockwood, 2010; Boshier, 2009; Cranton, 2011; Leibowitz e Bozalek, 2018; Trigwell *et al.*, 2000). Entre outras coisas, o trabalho de docência deu origem à discussão sobre se a pesquisa acerca das formas de ensino na sala de aula era suscetível de ser objeto de estudo e de produção de conhecimento, mas também proporcionou as bases para identificar as formas de avaliação e de reconhecimento deste trabalho.

Fazendo um balanço geral, comparando com o trabalho de descobrimento, podemos afirmar que após várias décadas de discussão somente agora estão começando a ser considerados os critérios mais precisos para avaliar o trabalho de docência. Isto ocorre porque contamos com uma literatura mais abundante que se fundamenta em critérios da boa docência universitária (Felten, 2013; Fenstermacher e Richardson, 2005; Ory, 2000; Rueda Beltrán, 2009; Stake *et al.*, 2011). Por seu lado, o que revela a literatura produzida sobre a educação superior e o trabalho empírico que baseia este livro, é que o trabalho acadêmico referido ao serviço não é fácil de avaliar.

Ao retomar a noção de Boyer sobre o *scholarship of application* é importante mencionar os dois componentes envolvidos. O primeiro se refere às atividades de serviço dentro das instituições educativas, onde os acadêmicos socializam seus conhecimentos e realizam tarefas de desenvolvimento e de posicionamento institucional. O segundo componente se refere às atividades externas da instituição para brindar conhecimento e assim solucionar as problemáticas reais. Por meio das atividades desenvolvidas nos componentes internos e externos, a universidade pode arrecadar fundos e recursos para subsidiar-se;

também pode ampliar a visão a partir destes fatos para fortalecer os processos de ensino e de aprendizagem (Candy, 2000).

Outros autores se referem a critérios mais específicos para avaliar o trabalho acadêmico aplicado em termos de participar em atividades externas, proporcionar serviços à comunidade, criar oportunidades para influenciar na mudança social, na intervenção ativa das universidades para a resolução de problemas sociais e na assessoria a grupos de alunos envolvidos no serviço comunitário (Antonio, 2002).

Por sua vez, o trabalho acadêmico de integração estará dirigido ao esforço do professor universitário por fazer trabalho interdisciplinar ao mesmo tempo que consegue uma intervenção em contextos que estão fora da academia. Um exemplo desta prática é proposto por Adkins (2009) quando se refere à supervisão de alunos doutorais. Em efeito, em todas as práticas do professor universitário em que se procura que a pesquisa gere conhecimentos que possam ser aplicados além da universidade e em contextos em que realmente sejam necessários, se pode observar o trabalho acadêmico de integração. Esse autor sugere que este tipo de trabalho acadêmico ocorre principalmente quando as pesquisas vão além dos limites das disciplinas para fazer perguntas que relacionem o conhecimento com outros contextos não acadêmicos. No capítulo quarto retornaremos justamente sobre um conjunto de critérios para avaliar o trabalho acadêmico, inspirado na noção ampliada de *scholarship*.

O que são os portfólios acadêmicos?

Como vimos na seção anterior, somente um marco mais amplo referido ao trabalho acadêmico pode servir para entender o sentido e o potencial de um portfólio acadêmico, pois do que estamos falando é de avaliar de modo integral, consistente e robustamente, o trabalho de um professor universitário. Após reconhecer o campo de discussão que existe em torno ao trabalho acadêmico, a continuação definiremos este tipo de portfólio, enquanto no terceiro capítulo oferecemos ferramentas mais operacionais para desenhá-lo e no quarto capítulo oferecemos critérios para sua avaliação.

Definimos o portfólio acadêmico como um documento reflexivo que reúne materiais que respaldam tanto a docência quanto a pesquisa e o desempenho em trabalhos de serviço. Se trata de um escrito reflexivo, baseado em evidência, que mais do que ser uma compilação exaustiva de tudo o que um professor fez, seleciona de maneira responsável a informação sobre estas três responsabilidades (Seldin e Miller, 2009). É importante destacar o trabalho seletivo e baseado em um critério particular para cada caso, pois buscamos dar uma imagem muito precisa e balanceada sobre o trabalho acadêmico que realiza.

Como propõem Enwefa *et al.* (2004), aos professores universitários lhes exigem como nunca prestar contas sobre seu desempenho de maneira clara e com evidência concisa, no que se refere à qualidade de sua docência, pesquisa e serviço. Por que razão? Talvez seja o resultado de uma crescente queixa daqueles que fazem parte dos comitês de ordenamento professoral, assim que percebem que lhes oferecem muito pouca informação factual sobre o desempenho do docente. Um portfólio acadêmico daria as ferramentas a um professor para mostrar provas, deixando registro sobre seu desempenho e, ao mesmo tempo, contribuiria para a realização de reflexões mais acertadas sobre esse desempenho, contribuindo assim para o desenvolvimento profissional.

Usos dos portfólios acadêmicos

A literatura identifica dois usos potenciais. O portfólio pode servir para brindar evidências sobre o desempenho para a reflexão e o melhoramento da prática acadêmica, que por sua vez podem servir para fortalecer o desenvolvimento profissional (Seldin e Miller, 2009).

Reflexão para o melhoramento

Um docente pode decidir realizar um portfólio por decisão própria, com a finalidade de deixar um registro de seu trabalho como acadêmico nas três áreas em que se desempenhou. Muitos professores de longa trajetória (titulares, eméritos ou qualquer que seja a categoria de nível superior à que se chegue em um contexto universitário específico) têm a possibilidade de decidir fazer um portfólio acadêmico para deixar um legado sobre as aprendizagens e lições para que novas gerações façam uso deste conhecimento acumulado. Pensemos em todo o *know-how* que há detrás de um professor que obteve reconhecimento por sua docência, por sua contribuição à pesquisa em um campo de conhecimento especializado ou por sua gestão e liderança após anos de trajetória institucional. Contudo, pensemos em um professor jovem que quer começar uma carreira como acadêmico, mas que também quer deixar um registro do caminho que vai percorrendo nas três responsabilidades. Principalmente neste último caso, a reflexão sobre aquilo que faz será um ponto de partida para questionar-se e estabelecer as bases para pensar em como fazer as coisas do melhor jeito.

Desenvolvimento profissional

Os portfólios acadêmicos também são úteis para os processos de contratação e promoção, já que colocam à disposição dos avaliadores evidências que lhes permitem formar opiniões reais sobre a eficácia do professor candidato. Desta maneira, a avaliação se realiza a partir da deliberação sobre tal evidência, o que torna mais justa a avaliação. Para o propósito desta seção, a literatura sugere que devemos dar ao professor a liberdade para que escolha as amostras mais representativas de seu trabalho no que se refere à docência, à pesquisa e ao serviço (Seldin e Miller, 2009).

Mencionamos dois possíveis usos do portfólio acadêmico. Porém, a literatura reconhece outros propósitos que podem muito bem ser considerados. Os profissionais a ponto de terminar seus estudos e que aspiram iniciar uma carreira professoral podem construir um portfólio acadêmico, em vez do currículo convencional, para se aproximar do mercado laboral. No campo institucional podem ser úteis para a nomeação de prêmios e incentivos aos professores que tiveram um desempenho destacado. Também as faculdades podem solicitá-los, para construir um banco de experiências para ser socializado com organizações e outras universidades fora do câmpus.

Capítulo 2. Condições organizacionais para promover o uso do portfólio acadêmico

Este capítulo se enfoca naquilo que uma instituição universitária requer, e de uma maneira particular uma unidade acadêmica,[3] para desenvolver a estratégia de portfólios acadêmicos. Nos baseamos nos resultados encontrados no estudo que realizamos sobre as diferentes estratégias utilizadas pelas unidades acadêmicas que analisamos quando se enfrentavam à tarefa de avaliar o trabalho acadêmico. No citado estudo projetou-se uma análise cruzada, onde foram identificados *mecanismos, critérios* e *tensões* comuns em todas estas unidades ao executar essa tarefa.

Por *mecanismos* nos referimos à diversidade de estratégias usadas pelas unidades acadêmicas para avaliar o trabalho acadêmico. Exemplos de mecanismos podem ser a criação de comitês para a avaliação da docência ou da produção científica. Por *critérios* nos referimos aos marcos de referência e ao conjunto de aspectos que consideramos necessários para avaliar cada uma das três responsabilidades. Por *tensões* nos referimos ao conjunto de controvérsias em relação ao campo de avaliação e que estão sempre presentes em qualquer contexto educativo. Exemplos de tensões seriam as controvérsias que podem ocorrer no interior de uma unidade ao tentar estabelecer o que é a docência de excelência em uma disciplina, ou os incentivos para premiar a publicação dos resultados das pesquisas.

---

[3] Devido a que a forma de organização interna das instituições universitárias pode variar de um contexto nacional para outro, preferimos usar o termo *unidades acadêmicas* em vez de faculdades, departamentos, institutos ou qualquer outra forma de nomeá-las.

No quarto capítulo nos concentraremos no conjunto de critérios requeridos por um comitê avaliador, que recebe um portfólio com a finalidade de emitir vereditos informados sobre o trabalho acadêmico. Porém, neste capítulo, nos concentraremos nos mecanismos institucionais, explicitando um conjunto de dimensões que qualquer instituição de ensino – ou unidade acadêmica dentro dela – deveria considerar para preparar organizacionalmente o trabalho de avaliar portfólios acadêmicos. Em outras palavras, é fundamental considerar a *sustentabilidade* desta estratégia, pois consideramos que a organização deve reconsiderar os processos de avaliação para que perdurem no tempo e sejam consistentes com sua visão sobre o trabalho acadêmico.

Como sugere Fullan (1991), as universidades são especialistas em falar de mudança e inovação externa, porém na maioria das vezes são incapazes de pensá-lo e executá-lo internamente em seus próprios processos. Romper esquemas relacionados com a tradição de avaliar o pessoal docente não é uma tarefa fácil em uma instituição social que procede de uma estrutura herdada há séculos. Portanto, vale a pena pensar que se uma instituição universitária se atreve a propor uma mudança na forma de avaliar o professorado estamos diante de um processo de inovação educacional, entendendo-a como uma *mudança planejada* que tem na sua base uma *intencionalidade educacional* e que propõe uma melhora diante de uma necessidade ou de um problema identificado (Rivas, 2000). Insistentemente, declaramos que existe uma inovação educacional porque a intencionalidade não é somente administrativa (tornar mais eficientes os processos organizacionais) nem tampouco tecnológica (incorporar uma ferramenta digital para elaborar portfólios, por exemplo), senão que falamos de uma intencionalidade educacional, que supõe uma preocupação por aspectos que estão relacionados com o ensino e a aprendizagem (Cifuentes e Caldas, 2018).

Se começarmos sabendo que o portfólio acadêmico é então uma inovação educativa, torna-se útil retomar o trabalho de Inbar (1996) quando se refere às etapas de implementação de uma inovação educacional em uma organização. Segundo este autor, devemos iniciar por: (1) reconhecer que existe um problema, compreender do que se trata este problema que nos leva a falar da necessidade de uma inovação. Depois disso surge a necessidade de formular (2) uma visão dirigida a resolver esse problema identificado. Uma nova etapa tem a ver com (3) estabelecer expectativas de tal maneira que fique bem claro para os usuários da inovação o que eles devem fazer para mudar. O empoderamento vem em seguida (4), e significa o compromisso, a motivação e a apropriação desta comunidade, e finalmente se refere a (5) uma fase de acompanhamento na qual criamos estratégias para que essa comunidade não fique sozinha quando solicite suporte para obter sustentabilidade diante da mudança proposta (figura 1).

Figura 1. **Etapas de implementação de uma inovação a partir do modelo de Inbar**

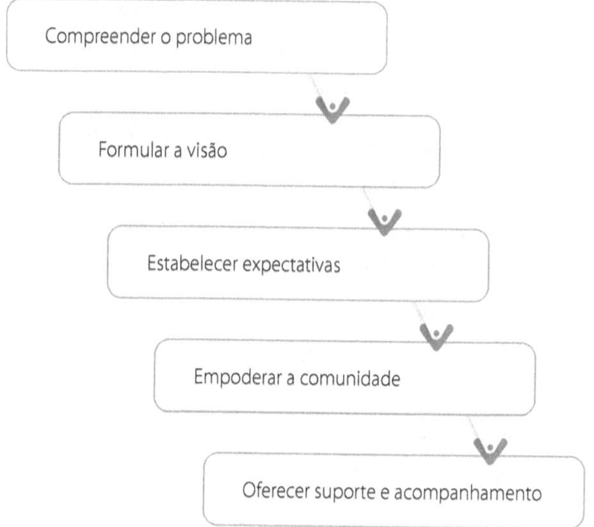

Fonte: elaboração própria com base em Inbar (1996).

Embora Inbar insista que estas não são etapas lineares que devam ser seguidas sequencialmente, é preciso reconhecer a importância de cada uma delas para fortalecer este processo organizacionalmente. O que descrevemos a seguir são três dimensões que consideramos centrais em relação com a implementação da estratégia do portfólio; para descrever cada uma delas recorremos às etapas propostas por Inbar (1996). Devemos recordar que como toda inovação educativa, estamos falando de um processo vivo que supõe incerteza e aprendizagem. Incerteza significa que em toda inovação, por mais planejamento prévio que exista, sempre existirão aspectos imprevistos que devem ser considerados de maneira flexível (afinal, nos referimos a mudanças realizadas por seres humanos). Somado ao acima exposto, toda inovação implica entrar em uma zona desconfortável, de mudança e de abertura, o que leva a aprender. Esta zona de aprendizagem sugere que devemos encontrar-nos com uma atitude favorável que, em vez de querer controlar todas as variáveis possíveis, nos leve a observar e a refletir sobre o que acontece (Kolb, 1984).

Dimensão estratégica: alinhamento a partir da visão

Esta dimensão se refere ao conjunto de arranjos institucionais que possam favorecer a avaliação do trabalho acadêmico. A denominamos *estratégica* porque significa fixar uma clara visão sobre o propósito do portfólio, para daí projetar um conjunto de mecanismos que sejam coerentes com esta visão. Nesta dimensão reconhecemos duas etapas-chave de Inbar (1996), relacionadas, por um lado, com *entender o problema* que se quer solucionar e, de outro modo, *desenvolver uma visão*. A seguir nos inspiramos no trabalho deste autor, porém o situamos no contexto do portfólio acadêmico universitário, para conseguir estabelecer princípios e ações que deveriam fazer parte desta dimensão estratégica que oriente as condições organizacionais.

Declarar uma visão sobre o trabalho acadêmico

A literatura sobre portfólios no contexto universitário reconhece que um dos fatores que gera maior resistência para elaborar esta ferramenta é a falta de clareza sobre (1) seu significado (o que entendemos por portfólio?) e (2) sobre o que podemos esperar do portfólio (que tanto esforço requer e que tão útil nos será?). Então, um primeiro trabalho no campo da gestão é atender estas perguntas. Já no primeiro capítulo deste livro ampliamos o significado dos portfólios acadêmicos e da docência, e o terceiro capítulo descreverá o que implica projetá-los, de forma que tanto os docentes quanto os que liderem esta estratégia possam responder às perguntas feitas.

Uma vez que a formulação da visão supõe haver reconhecido o contexto em que serão implementados os portfólios, é necessário que os *diretores e coordenadores identifiquem as razões pelas quais querem utilizar o portfólio e que declarem explicitamente qual é o seu propósito e função*. Porém, com esta declaração sobre o seu propósito e uso, também é importante reconhecer um aspecto muito mais estrutural, que tem a ver com a visão tanto da instituição universitária quanto da unidade acadêmica com referência ao trabalho acadêmico. Se a instituição não tem em seu estatuto professoral – ou em documentos afins – este tipo de declarações, faz-se necessário que a unidade pelo menos preveja este conjunto de considerações, que ajudam a construir essa visão sobre o trabalho acadêmico:

- *Visão sobre a docência.* Qual é a noção de bom professor, ou de docência de excelência, que define a unidade acadêmica?,[4] qual é o perfil de docente que se quer ter dentro do corpo professoral e quais são os valores que se querem posicionar na unidade?
- *Visão sobre a produção investigativa.* Qual é o tipo de conhecimento que se quer produzir?, que tanto será avaliada a interdisciplinaridade a respeito da produção no próprio campo disciplinar?
- *Visão sobre o serviço.* Que nome damos a um professor *comprometido* com a instituição?, que tipo de relação e que grau de envolvimento deve ter um professor externo à instituição de acordo com a área disciplinar?, que tipo de impacto terá esse conhecimento e como será definida sua pertença?

Estes são somente exemplos de perguntas que valeria a pena fazer na hora de formular uma visão sobre o trabalho acadêmico, pois finalmente será sobre isto que versarão os portfólios dos professores. Como regra geral, quanto maior precisão houver da parte da instituição e da unidade acadêmica, particularmente sobre o tipo de profissional acadêmico que querem ter em suas salas de aula, será mais fácil para que um professor possa alinhar-se ou, em qualquer caso, que possa propor um projeto de desenvolvimento profissional que se espelhe em um portfólio.

---

[4] Um dos diretores que entrevistamos no estudo mencionava que a noção de "carga docente" costuma ser uma expressão comum para referir-se ao tempo de dedicação designado a um professor. Do seu ponto de vista, esta ideia é problemática pois a docência não deveria ser considerada como uma carga, mas sim como um trabalho de vocação.

Projetar mecanismos apropriados e alinhados com a visão

Após a declaração de uma visão sobre o trabalho acadêmico, é indispensável falar de alinhamento. Ainda que exista uma visão explícita e clara sobre cada uma das responsabilidades do professor, ela serve bem pouco se não for implementada de maneira coerente, com estratégias que possibilitem executá-la. Como mencionamos, quando nos referimos a mecanismos nos referimos à diversidade de estratégias usadas pelas unidades acadêmicas para avaliar o trabalho acadêmico. Reunimos aqui as ideias de Seldin (Comunicação pessoal, 2019) a respeito do modo em que se pode alcançar a apropriação do portfólio a partir de condições organizacionais adequadas.[5]

Para este autor existe um conjunto de mecanismos que conseguem posicionar o portfólio tanto no âmbito institucional quanto no de uma unidade acadêmica. Dentro das ações concretas podemos considerar:

- Escolha de docentes e de unidades acadêmicas entusiastas. Realmente, são estes professores que se atreveram a realizar seu portfólio ou essas unidades acadêmicas que se preocupam em documentar e pensar em mecanismos alternativos para a avaliação docente os que podem servir como referência para outros professores e unidades que tenham dúvidas, pouco interesse ou falta de credibilidade no tema.

- Participação voluntária. Como em qualquer processo institucional, a obrigatoriedade dá lugar à resistência. Portanto, é importante que em cada unidade que se queira implementar a estratégia do portfólio se inicie fazendo um convite para que a participação seja voluntária. Com isto conseguiremos formar um primeiro grupo de professores que depois servirão como mentores (afinal, quem melhor do que um professor que já viveu essa experiência para acompanhar outros e até mesmo participar nos comitês de avaliação destes portfólios).

---

[5] Agradecemos imensamente a Peter Seldin, figura mundialmente reconhecida sobre portfólios de docência e acadêmicos, com quem nos entrevistamos em Nova Iorque no outono de 2019 para socializar estas ideias. Este encontro foi muito proveitoso para verificar nossas abordagens sobre a dimensão estratégica.

- Compromisso institucional. Isso pode ser visto refletido no fato de que em toda a instituição seja declarada a importância e a necessidade de usar o portfólio como estratégia de avaliação; quando isto não for possível devido ao federalismo ou à descentralização que existe em muitas universidades, pelo menos a unidade acadêmica pode optar por endossar a estratégia do portfólio. De qualquer maneira, é imperativo que exista uma declaração oficial, escrita e acessível para a comunidade (por exemplo, por meio da página web institucional). Um dos resultados centrais em nosso estudo mostrava que aquelas unidades acadêmicas mais avançadas tinham como boa prática documentar todos os processos de avaliação para os seus docentes.

- Alinhamento com a missão e a visão institucional sobre o trabalho acadêmico. Qualquer que seja o cenário, o portfólio deve estar articulado com a forma em que a instituição universitária – ou, em seu lugar, a unidade acadêmica – concebe o trabalho acadêmico. Em muitos casos acontecerá que não esteja explícito o significado da docência, da produção ou do serviço de qualidade e, portanto, será necessário construir essa visão como um passo prévio (consulte a seção anterior sobre a construção de uma visão).

- Acompanhamento durante a concepção/implementação. Seguindo Inbar (1996), é necessário prever uma equipe (interna ou externa à unidade) para que possa servir como suporte no processo de criação do portfólio. Os professores precisam de saber que não estão sozinhos e que podem contar com alguém que os assessore em termos de: (1) compilar e organizar a informação; (2) processar a informação; (3) analisar ou verificar a informação compilada, e (4) apoiar o processo de escritura (reflexão sobre a evidência).

- Avaliação da implementação. Como todo processo de mudança, esta estratégia deve ser criteriosamente comandada, ou seja, revisada para que seja possível aprender sobre a experiência, respondendo a perguntas específicas como: para o comitê e para os professores que tão claros foram os critérios de avaliação?, quais as críticas e resistências foram feitas ao processo?, em que momentos ou atividades do acompanhamento se requer mais apoio? Estes somente são exemplos das perguntas que devem ser formuladas e respondidas de acordo com o contexto de cada implementação.

Dimensão tática e operacional: criação de equipes de trabalho

Para operacionalizar a dimensão estratégica descrita é necessário que cada unidade acadêmica conte com pelo menos duas equipes de trabalho com certa dedicação para desenvolver o nível tático e operacional. Pode também ocorrer que uma instituição universitária prefira ter uma equipe geral que acompanhe as diferentes unidades acadêmicas, porém é importante considerar que cada cultura disciplinar tem seus valores e lógicas próprios, de modo que uma equipe separada de uma disciplina talvez não esteja preparada para contribuir da mesma maneira. Sugerimos a criação de pelo menos duas equipes de trabalho – que aqui denominaremos delegações – com funções específicas:

- *Delegação encarregada da qualidade na docência.* Responsável por certificar que a docência é um tema que importa e que deve ser objeto de melhoramento pela via do portfólio. Algumas estratégias que podem ser relevantes são:

  — Rotas de acompanhamento. Os professores que decidam ser acompanhados para melhorar suas práticas de docência devem ter um portfólio que sirva como um insumo para identificar os problemas ou aspectos a melhorar. A delegação pode ter então uma linha de base para fazer o acompanhamento ao professor e ter claro qual seria a rota para o melhoramento (consignada, como já vimos, no portfólio).

  — Política de incentivos à boa docência. A delegação deve assumir que a boa docência não se incentiva somente a partir de uma pontuação única em uma enquete, mas sim a partir de pelo menos dois aspectos fundamentais: o reconhecimento social e o apoio. Sobre o primeiro aspecto, assumimos que um docente premiado é aquele que consegue que outros colegas e alunos o reconheçam como tal, portanto, eventos de distinção podem ser organizados por esta delegação para este fim. Diante do segundo aspecto, proporcionar-lhe condições de apoio como um assistente para docência ou recursos para que continue a promover inovações são bons exemplos de incentivos. Neste ponto é importante dizer que nem o reconhecimento econômico (pagamento em dinheiro) nem a "descarga de tempo em docência" são as melhores estratégias: a primeira assume que a docência de excelência deve ser uma remuneração extra ao trabalho que institucionalmente faz parte das funções do professor; a segunda, concebe que a docência é uma carga que deve ser "compensada", a ponto de premiar paradoxalmente a boa docência suprimindo-a do trabalho do professor.[6]

— Identificar referências sobre a boa docência na disciplina. Tradicionalmente, acreditamos que a enquete realizada pelos alunos pode ser o único referente para avaliar a docência. Porém, vimos no estudo realizado que algumas unidades acadêmicas, em função de sua disciplina, levam em conta outros referentes sobre a boa docência em seu próprio campo. Isto pode ser um trabalho adicional que a delegação poderia realizar somente se considera que os critérios de avaliação institucional estão limitados às condições em que se ensina esta disciplina. Neste ponto, incentivar a ideia de um trabalho acadêmico sobre a docência (*scholarship of teaching*) seria muito relevante como iniciativa da delegação, o que pode também incluir a pesquisa sobre as formas de ensino.

— Desenho de rubricas de avaliação de produtos de docência. Partindo das anteriores reflexões sobre a suficiência e relevância dos critérios para avaliar a boa docência, é particularmente útil projetar uma tabela de avaliação de produtos de docência que registre o esforço que um docente faz para produzir materiais educativos,

---

[6] Agradecemos neste ponto a interessante conversação com Juan Camilo Cárdenas, professor titular da Faculdade de Economia, que nos brindou uma visão crítica a esse respeito.

inovações curriculares, estratégias de codocência e outros possíveis exemplos. Recentemente fez-se uma proposta de avaliação destes produtos, que considera critérios como a conquista de resultados, a maturidade e o alcance, o alinhamento (com os princípios da missão e curriculares), bem como a qualidade do projeto e a avaliação da experiência (Montoya e Cifuentes, 2019).

— Espaços de encontro com professores. Uma estratégia que pode ou não ser iniciativa da delegação sobre docência é aquela que se refere à criação de comunidade em torno às práticas docentes. Parece uma tarefa muito complexa, porém isto pode acontecer como encontros semanais ou mensais onde, informalmente, discutimos sobre a docência e os aspectos que de forma mais ou menos estruturada se queira conversar. Como veremos na seguinte seção, este mecanismo gera uma cultura onde se promove a revisão das práticas e seu melhoramento. Achamos que desta maneira se prepara o caminho para que os professores tenham um espaço de retroalimentação a respeito do que fazem e de como podem fazê-lo melhor. Quanto à avaliação, podemos considerá-la útil para que quando se refira a espaços de apoio, de suporte, de acompanhamento e de preparação para a apresentação do portfólio, este já seja um lugar consolidado e que origine a cultura da avaliação permanente.

- *Delegação responsável por avaliar a produção de conhecimento.* Dependendo do tamanho da unidade acadêmica, ela pode ser única ou pode estar subdividida em várias equipes que se enfoquem nos diferentes tipos de produção e no seu reconhecimento. Dentro dos mecanismos estão:

— Identificar os tipos de produção de conhecimento. É comum dar como certo que os produtos de pesquisa dos professores são somente aqueles que se alojam em revistas indexadas ou em livros derivados de pesquisas, o que deixa de lado outras formas de produção de conhecimento. Por isso, antes de apressar-se a criar tabelas de avaliação, é prioritário que a delegação identifique os tipos de produções, as formas de diferenciação por áreas de especialização, bem como os públicos que podem reconhecer esses produtos de conhecimento. O direcionamento dado tanto pela instituição universitária quanto pela unidade acadêmica a partir de sua disciplina, deve ser feito explicitamente para que os professores saibam que não existe somente uma forma de produzir conhecimento, e também para que conheçam os múltiplos formatos que podem ser gerados.

— Projetar uma tabela de avaliação de produtos de conhecimento. Embora esta seja uma prática comum em muitas unidades que já levam em conta a avaliação de produtos de pesquisa, é importante identificar possíveis tensões entre as disciplinas (quando existem departamentos dentro de uma faculdade, por exemplo) ou áreas de especialização dentro de uma mesma disciplina. Em nossos casos de estudo vimos a diferença entre os formatos livro e artigo científico, que podiam pertencer a lógicas válidas, mas com públicos e formas de reconhecimento que não podiam ter igual equivalência. Do mesmo modo, encontramos áreas dentro de uma mesma disciplina – pensemos em economia ou administração – que contêm nichos relacionados com revistas de maior ou menor demanda de publicação, expressada em *rankings* internacionais. Estas diferenças entre áreas disciplinares, com regimes de produção e de competitividade diferentes, geram tensões dentro das unidades acadêmicas que precisam ser consideradas no momento de avaliar a produção de conhecimento por um professor. A delegação responsável pode criar espaços de discussão entre coordenadores de áreas que representem a voz da disciplina especializada, de forma que as escalas de avaliação sejam justas e equitativas em vez de marcar um padrão para toda a unidade, motivo de qualquer discórdia. É difícil que um comitê que avalie um portfólio acadêmico possa deliberar apropriadamente se não tiver condições para verificar cada caso, o que é feito mais rapidamente quando se conta com este tipo de mecanismos e critérios.

— Política de incentivos à produção de conhecimento. Assim como ocorre com a docência, os incentivos devem ser considerados cuidadosamente para não dar origem a mensagens que vão contra a visão da instituição ou da unidade acadêmica sobre como esperam que seja o perfil do professor pesquisador. A regra comum em muitas universidades do mundo é o incentivo econômico, que varia de um contexto para outro no valor e na forma de retribuição (em algumas instituições uma publicação de primeiro nível pode modificar de modo vitalício o salário do professor, enquanto em outras se trata somente de um reconhecimento econômico que varia de acordo com os *rankings* e outros critérios de impacto). Nos casos analisados, em vários era comum a criação de políticas de reconhecimento, o que dá a entender o grau de organização e de preocupação por estabelecer regras de jogo claras sobre estes incentivos, contrastando com a ausência de uma política deste tipo para estimular a boa docência. Apesar disso, insistimos do mesmo modo como o fizemos com a docência: o incentivo econômico não pode ser o único modo de premiar a produção, pois da mesma forma a possibilidade de gerar transformação social (*scholarship of application*, como vimos no primeiro capítulo), e o reconhecimento social estendido, por exemplo o reconhecimento de uma comunidade ou setor da sociedade civil, podem ser outro tipo de critérios que transcendem a racionalidade competitiva e mercantil em que se baseiam as revistas internacionais.

Como veremos no quarto capítulo, não existe um consenso nem tampouco muitos estudos que ofereçam critérios para avaliar as atividades de serviço, tanto interna quanto externamente. Embora nesse capítulo ofereçamos algumas orientações para construir critérios específicos, seria útil que existisse uma terceira delegação que analisasse como avaliar estas atividades, baseando-se em uma averiguação sobre as atividades típicas de cada profissão relacionadas ao impacto externo de sua disciplina e ao que consideram prioritário como atividades de gestão e liderança.

Para finalizar esta seção referente ao nível tático e operacional, podemos resumir em duas as grandes frentes de ação que deveriam ser assumidas pelas equipes que formam cada unidade.

Projetar e validar critérios e instrumentos de avaliação

Uma tarefa que esta equipe ou o conjunto de delegações deve realizar é determinar o modo em que se avaliará cada uma das responsabilidades do professor. Isto não é tarefa fácil, pois devemos definir muito bem o que consideramos como uma docência de excelência, uma boa produção acadêmica e uma atividade de serviço adequada de acordo com os valores institucionais.

O problema quando se fala de avaliação em educação é que se costuma limitar este tema a um assunto técnico, que faz alusão à construção de instrumentos com suas respectivas escalas e estratégias de validação. Não queremos dizer que se tenha de deixar de lado essa racionalidade, porém queremos enquadrá-la em um contexto mais complexo que não se circunscreva somente à medição. Mais concretamente, no caso da avaliação de docentes universitários, a postura tradicional tem sido referir-se à sua avaliação a partir de um único instrumento: a enquete de alunos, com a qual se assume que o referido instrumento pode dar ciência de grande parte do que faz um professor universitário. O convite que fazemos é que se amplie o olhar (a visão), bem como os mecanismos e instrumentos que nos permitam contar com uma perspectiva integral sobre a avaliação do trabalho acadêmico. Em outros termos, está bem contar com um instrumento como a enquete de alunos que seja validada tanto qualitativa como quantitativamente (Paulsen, 2002, citado em Colbeck, 2002) e, ao mesmo tempo, contar com uma equipe especializada que administre este instrumento de maneira centralizada costuma ser a melhor estratégia, pois assim podemos administrar toda a informação reunida periodicamente. Mas mais do que ter um instrumento válido e confiável como este, consideramos que o essencial é ter pleno conhecimento de que se trata de um insumo a mais dentro de uma das responsabilidades do professor universitário, que deve estar acompanhado por outros insumos e que não pode limitar a avaliação do trabalho acadêmico.

Projetar uma estratégia de suporte e acompanhamento

Este é talvez um dos aspectos mais descuidados quando se trata de implementar uma inovação, pois é comum investir mais esforço em incentivar outros a mudar, porém não necessariamente em criar condições para que os atores possam experimentar e ao mesmo tempo não se sintam sós durante o processo. Num sentido muito mais preciso, quando Inbar se refere às últimas duas etapas da implementação de uma inovação está falando de criar condições para que a comunidade dela se aproprie, e que tenha a possibilidade de cometer erros e de voltar a tentar de outras maneiras, isto é, que possa experimentar e dar sentido a uma prática.

Empoderar a uma comunidade que inova é dar a ela as condições para que possa gerar confiança na estratégia; isto significa que se alguém encontra razões para não fazer isso de uma maneira padronizada lhe será permitido fazê-lo de outro modo ou pelo menos será ouvido e terá o direito de equivocar-se. Os portfólios são uma oportunidade para que o professor possa pôr à prova a sua capacidade de buscar evidências sobre seu trabalho, refletir sobre elas e fazer propostas de melhoramento. Fazer isso leva tempo e a margem de manobra deve dar condições para que um professor possa sentir que o faz corretamente: que seleciona boa informação, que faz reflexões com sentido e que elas são valorizadas por um público que o escuta e, do mesmo modo, que todo esse esforço lhe permite tomar decisões de melhoramento que serão igualmente consideradas.

Durante o processo de aprendizagem e apropriação, é também importante que exista uma equipe de suporte que, como dissemos, permita que o professor não se sinta só. A equipe de acompanhamento deverá garantir que o docente possa receber assessoria para: (1) compilar e organizar a informação; (2) processar a informação; (3) analisar ou verificar a informação compilada, e (4) apoiar o processo de escritura (reflexão sobre a evidência). Estas tarefas variam de acordo com as condições de cada professor e de acordo com o propósito de seu portfólio. Já que nos centramos muito mais em portfólios para a avaliação do desempenho e para o ordenamento professoral,[7] as janelas de

---

[7] Se trata do processo de ascenso em um escalão professoral, que na tradição norte-americana se refere ao *tenure track*. Daqui em diante usaremos esta acepção.

tempo para este acompanhamento podem variar de acordo com as necessidades e condições, porém, em qualquer caso, a organização deveria considerar que são necessários pelo menos seis meses (ou um semestre acadêmico) para realizar este processo.

Uma boa prática que pudemos analisar no estudo comparado tinha a ver com sistemas de acompanhamento a professores que queriam ser ordenados em sua carreira professoral. Eram mentores que, estando em níveis superiores e levando a sério a tarefa de guiar os professores mais jovens ou com necessidade de acompanhamento, permitiam gerar uma relação de tutoria que brindava orientação em um ambiente de confiança e camaradagem. Pensar na composição destes grupos que compõem a equipe de suporte é uma excelente estratégia, e se não existem deveriam ser concebidos como parte deste apoio aos professores.

Dimensão cultural: socialização perante a comunidade educacional

Esta dimensão corresponde aos valores e práticas arraigadas no contexto, que costumam ser descuidados em muitos processos de inovação educacional. Noutras palavras, se assume erroneamente que um processo de inovação consiste em uma implementação técnica e linear onde os atores educacionais somente devem receber umas indicaçõcs opcracionais para scr cxccutadas da mancira mais fiel possível. Neste fenômeno de tradução de uma política ou programa institucional frequentemente ocorrem distorções não somente cognitivas ou atitudinais (Spillane, 2012), mas também culturais, que geralmente são consideradas apenas para indicar os retardatários destas inovações (Rogers, 2003, p. 551), desconhecendo as razões para resistir à mudança.

Por isto, para alcançar o êxito em qualquer processo de inovação a dimensão cultural deve ser abordada e integrada à estratégia geral, o que supõe reconhecer pelo menos dois aspectos. Por um lado, *comunicar apropriadamente a visão*. Isto se consegue com espaços de encontro ou de difusão para que os professores saibam de que se trata o portfólio acadêmico, como receberão apoio para desenvolvê-lo e qual será a sua função dentro dos processos de avaliação na unidade acadêmica. A esse respeito pode ser útil o uso de símbolos para tornar mais compreensível a linguagem que comunique esta visão (Inbar, 1996).

O uso de metáforas ou de slogans do tipo "tornemos visíveis nossos esforços por uma docência de qualidade"; o uso de imagens que mostrem a importância de fazer publicações que causem impacto social ou disciplinar, ou simplesmente a difusão de tabelas de reconhecimento por determinados tipos de publicações, costumam ser utilizados em muitos contextos universitários.

Por outro lado, atendendo à terceira etapa sugerida por Inbar, é importante situar *expectativas*, ou seja, certificar-se de que os professores saibam com certeza o que esperar do seu uso e utilidade. Como dissemos, uma equipe de acompanhamento ao projeto dos portfólios pode ser muito útil, pois não é suficiente "informar" aos docentes sem dar-lhes ferramentas para consegui-lo.

A documentação como condição para a sustentabilidade da estratégia

No estudo que realizamos descobrimos que talvez uma das melhores práticas nas unidades acadêmicas se refletia na capacidade de ter por escrito todo o conjunto de normas, diretrizes, guias, regulamentos e formatos que pudessem descrever cada uma das três responsabilidades do trabalho acadêmico. Quer seja em formato físico ou digital, organizado publicamente dentro da comunidade universitária ou inclusive restrita ao conjunto de professores e administrativos de uma unidade, é de grande valor que esta documentação sobre a docência, a produção investigativa e as atividades de serviço estejam dispostas explicitamente.

Não nos referimos somente a regulamentos para que cada unidade acadêmica execute estatutos que regem a toda uma instituição educacional, mas também ao produto das reflexões resultantes de comitês que se preocupam por formalizar rotas de desenvolvimento docente, mecanismos para a avaliação de produtos de conhecimento, tabelas de avaliação de produtos de docência, tipos de incentivos por publicações ou consultorias, etc. Se trata de contar com suficiente documentação referente ao trabalho feito pelos professores, de modo que possa servir para guiar a definição de mecanismos e critérios.

Então, não basta somente "documentar por documentar" de modo inercial; devemos deixar uma marca sobre o tipo de direcionamento e sobre as decisões que foram acordadas. Precisamente neste mesmo capítulo insistimos que a dimensão cultural esteja presente em todo momento; isto quer dizer que essa documentação deve ser discutida, revisada e ajustada em função da crítica e do dissenso. Do mesmo modo, insistimos na necessidade de um direcionamento, de uma visão construída começando por saber para onde se quer delinear o trabalho acadêmico. Neste sentido, um dos problemas que identificamos no estudo comparado é que inclusive com abundância de documentação sobre as três responsabilidades, a falta de um norte, de uma política sobre como avaliar, incentivar e promover o trabalho acadêmico em docência, pesquisa e serviço, provocará resistência e desorientação nos professores.

Capítulo 3. Como projetar portfólios acadêmicos? Ferramentas para docentes

Neste capítulo apresentamos uma proposta para o projeto de portfólios acadêmicos. Como destacamos ao longo deste texto, não pretendemos padronizar a prática docente nem o trabalho que um acadêmico faz, mas dar orientações que sirvam tanto para docentes quanto para instituições onde realizam seu trabalho, oferecendo uma guia clara sobre como estruturar esse portfólio. Para começar, enunciamos um conjunto de princípios que deveriam acompanhar a elaboração do portfólio, de modo que não fique limitado a um exercício técnico de coleta e "empilhamento" de informação sem sentido. Depois, respondemos a duas perguntas fundamentais para qualquer pessoa que se enfrenta à tarefa de fazer um portfólio: qual é o meu propósito e onde posso elaborá-lo. Atender estas duas questões é útil antes de referir-nos a como estruturá-lo. O que fazemos posteriormente é reconhecer alguns referentes internacionais que nos permitem sugerir uma estrutura para um portfólio que representa somente uma possível rota de construção que, em todo caso, deveria ser flexível e estar situada no contexto institucional em que se desenvolve.

Depois de apresentar a estrutura sugerida damos um conjunto adicional de orientações para garantir a qualidade do portfólio. Por um lado, nos referimos ao tipo de material e de evidência que deveria ser compilada para elaborar um portfólio acadêmico. Do mesmo modo, argumentamos sobre o papel da reflexão e a importância que ela tem para dar peso à evidência compilada no portfólio. Concluímos finalmente com uma rubrica de autoverificação para que o autor de um portfólio possa garantir a sua qualidade.

Três princípios para orientar a construção do portfólio

No segundo capítulo mencionamos a importância da visão para orientar institucionalmente a elaboração do portfólio acadêmico. Esta visão dá sentido e propósito a este exercício por diretores que querem liderar a avaliação do trabalho acadêmico. Então, do ponto de vista individual, ou seja, do ponto de vista de quem se embarca na tarefa de elaborar um portfólio, é também muito importante contar com uma visão clara que oriente este exercício. Consideramos que para evitar a concepção equivocada de que um portfólio não é mais do que a coleção indiscriminada de documentos para impressionar um determinado público, é necessário contar com certos princípios que orientem a sua elaboração.

O primeiro destes princípios é que o portfólio deve *outorgar a mesma importância tanto para o processo quanto para o produto*. No primeiro capítulo indicamos que uma das origens do portfólio decorria da tradição dos arquitetos e *designers*, para quem era primordial mostrar o seu melhor desempenho, isto é, os melhores produtos de sua trajetória profissional (Arbesú García e Díaz-Barriga, 2013; Moreno, 1996). Vimos, também, que no campo da educação esta tradição devia ser complementada ao apresentar não somente os melhores produtos ou desempenhos (*showcase portfolio*) mas também o processo subjacente, para mostrar o desenvolvimento de um domínio ou competência (*growth portfolio*). Portanto, um dos princípios que nos interessa destacar quando se pretende construir um portfólio é a importância do processo e do produto para cada uma das três responsabilidades que o professor documentará. Isto implica então mudar o enfoque que nos leva simplesmente a reunir informação sobre a docência, a produção de conhecimento especializado e as atividades de serviço, e em seu lugar deve mostrar como *chegamos* a ter um certo desempenho em cada uma dessas áreas de ação.

O acima exposto leva ao segundo princípio, que é medular para orientar não somente o projeto, mas também a posterior avaliação do portfólio. Este se refere *à necessidade da reflexão sobre a própria prática profissional*. No segundo capítulo enfatizamos a importância do trabalho acadêmico (*scholarship*) como noção que fundamenta o portfólio. Na verdade, nos referimos ao trabalho de um profissional que a partir da Idade Média se dedicava à produção de pensamento e à formação de outros que vinham aprender do seu conhecimento especializado. O que Le Goff e Bixio (1986) definiram como "os intelectuais" era finalmente um grêmio mais próximo ao de sapateiros e demais artesãos, cujo material de trabalho eram os livros (em um formato que foi se transformando) e sua estratégia derivava da conversação com colegas e aprendizes (algo que também foi se adaptando ao longo dos séculos desde a *disputatio* medieval até as orientações mais construtivistas que são protagonistas nos dias de hoje). Esta prática profissional – com todas as variações históricas e culturais que possam dar origem a nuances – representa o objeto central do portfólio acadêmico.

De acordo com Donald Schön (1998), é a reflexão sobre o que se faz, isto é, sobre o trabalho profissional, aquilo que é o fundamento de ser um bom profissional. Em suma, quando neste livro falamos de avaliar o trabalho de um professor universitário, estamos reconhecendo a complexidade da referida prática profissional, a qual acreditamos que não pode estar limitada a uma lista de ações ou desempenhos separados entre si. Pelo contrário, reconhecemos a referida prática como um acoplamento de elementos heterogêneos que estão situados cultural, histórica e politicamente. Para dizê-lo de outro modo: por princípio, um professor que realize um portfólio (acadêmico ou de docência) é um profissional reflexivo. Em outra seção posterior, neste capítulo daremos orientações acerca de como refletir sobre a evidência, isto é, sobre a documentação que explica os produtos do trabalho acadêmico.

O último princípio que deveria servir para orientar a construção de um portfólio tem a ver com a ideia de *integração e coerência*, que nos conduz novamente à visão ampliada do trabalho acadêmico (*scholarship*). Noutras palavras, *ao construir o portfólio devemos levar em conta as diferentes facetas das atividades que realizamos como parte de um todo que guarda sentido e coerência.* Novamente, a concepção tradicional de um portfólio que reúne a informação indiscriminada para impressionar um público perde sentido. Consideramos que o exercício deve ser encaminhado desde o início para mostrar uma rota, uma agenda e uma visão sobre o trabalho docente, de pesquisa e de liderança institucional. Veremos mais adiante que precisamente uma das seções finais do portfólio deve mostrar a integração entre áreas muitas vezes diferentes ou que não têm conexão. Este esforço estará relacionado com a construção de uma narrativa que dê sentido e que permita ler em retrospectiva o caminho percorrido, seja de poucos ou de muitos anos no contexto acadêmico.

Propósito e audiência

Uma das primeiras tarefas que qualquer autor de um portfólio deve realizar, é a de decidir para que ele quer fazer um portfólio. Perguntas como: qual o propósito do meu portfólio?, qual público poderá verificá-lo?, quais serão os seus leitores primários?, devem ser consideradas para dar um rumo ao tipo de documento a elaborar.

Como já mencionamos no primeiro capítulo, na literatura sobre portfólios geralmente são identificadas duas possíveis funções (Seldin e Miller, 2009). Por um lado, o portfólio está orientado para a reflexão para o seu melhoramento. Podemos dizer que este é o propósito mais aceito e mais bem recebido pela comunidade docente, pois se refere ao portfólio a partir do âmbito de autonomia onde o próprio docente decide fazê-lo para identificar crítica e reflexivamente alguns aspectos para o melhoramento de sua prática educacional.

Uma segunda orientação concebe o portfólio para a promoção no desenvolvimento profissional, isto é, para realizar um processo de avaliação que tem como propósito emitir conceitos sobre o desempenho ou para o ordenamento em uma escala de ascenso professoral. Como esperado, este segundo propósito pode gerar algum grau de rejeição devido à crença tão arraigada que associa a avaliação com a emissão de conceitos negativos sobre o avaliado. Assumimos então que a avaliação será um mecanismo de vigilância e assinalamento que pode afetar o status e inclusive a permanência no trabalho. Como dissemos desde o início, pensamos que é conveniente reconhecer a importância do portfólio tanto para o melhoramento quanto para avaliação. Dito isso, é preciso que exista uma mudança na cultura organizacional – que inclui professores e diretores –, de modo que não continuem perpetuando um modelo que julgue negativamente o trabalho acadêmico.

Tampouco queremos somente defender a prevalência do primeiro tipo de propósito, pois se bem a avaliação para o melhoramento é útil e necessária, corre o risco de ficar somente em uma jurisdição individual que não se articula a um projeto institucional. Noutras palavras, o uso do portfólio para o melhoramento deveria estar ancorado à possibilidade de que também se realizem processos de avaliação periódica, seja de desempenho ou de ordenamento professoral. Em suma, consideramos que é necessário romper com o dualismo que somente concebe um ou outro propósito como válido.

Para consegui-lo, os professores deveriam saber claramente logo do início para qual propósito apontará seu portfólio, que sem dúvida alguma está relacionado com o propósito que sua própria organização determine. Reconhecer esta mensagem institucional pode não ser algo simples, pois muitas instituições universitárias não sabem claramente para onde apontar os portfólios (para isto é útil consultar os capítulos 2 e 4 deste livro), e em outros casos talvez dependa da administração e até mesmo do comitê avaliador a ser formado. Ler este contexto organizacional vem a ser um primeiro desafio que um professor tem de resolver antes de iniciar a elaboração de seu portfólio, pois é fato que ele investirá uma quantidade de tempo considerável nessa tarefa.

Do mesmo modo, um docente deve considerar o público-alvo que quer atingir, isto é, os *leitores potenciais* de seu portfólio. Este aspecto está diretamente vinculado ao propósito para o qual tenha sido determinado: se for um portfólio para o melhoramento, provavelmente o leitor potencial será o mesmo docente ou um colega de confiança que o revisará com ânimo de avaliação construtiva; neste caso, se trata de usar o portfólio como um livro de registro que documente uma experiência reflexiva. Não existe nenhuma pressão para preparar o portfólio, fora os ritmos e interesses com os quais seja elaborado e potencialmente lido por alguém de confiança.

Pelo contrário, quando se trate de um portfólio para a promover o desenvolvimento profissional, o público-alvo será provavelmente um comitê composto pela instituição educacional onde se esteja trabalhando, em cujo caso pode tratar-se de um público tanto interno (colegas de departamento) como externo (um colega de outro departamento ou inclusive de fora da instituição, porém próximo à área disciplinar). Neste segundo cenário a periodicidade com a qual deve ser preparado para revisão pode variar de um contexto institucional a outro quando se trate de uma avaliação de desempenho (bianual, anual ou inclusive trienal). Por outro lado, o tempo de apresentação de um portfólio dirigido para a promoção ou para o escalonamento professoral dependerá da trajetória de cada professor, e estará vinculado com os tempos que estipula cada instituição para ascender nesta escala de acordo com as categorias professorais.

Apesar desta variabilidade institucional para definir as regras do jogo, o autor de um portfólio deve levar em conta vários aspectos por cuidar de acordo com o seu público potencial. Nos referimos à *linguagem* que usará para comunicar suas ideias, à *estrutura* que definirá para armar seu portfólio ou o *tipo de evidência escolhida* (mais adiante passaremos revista por estes e outros aspectos para ter em mente). Em tudo isso a clareza e a coerência são fundamentais inclusive quando se trata de um portfólio para o melhoramento, pois é um documento complexo que deverá ser entendível e suscetível de ser lido por um colega de confiança. Finalmente tratando-se de um portfólio para melhoramento, este deve permitir uma leitura que possibilite receber retroalimentação, base de uma boa avaliação formativa.[8] Para o caso de uma avaliação de desempenho ou para o ordenamento, o desafio é pensar que os leitores não podem ser predefinidos e que eles podem decorrer de tradições organizacionais e de formas de compreender o trabalho acadêmico muito diferentes às do autor do portfólio.

Este capítulo pretende oferecer suficientes ferramentas para aquele professor que embarque na tarefa de fazer seu portfólio, ao considerar estes propósitos e potenciais leitores, de modo a que possa se preparar em dois sentidos bem específicos. Por um lado, para as críticas: como já dissemos, o portfólio – seja ele para o melhoramento ou para o desenvolvimento profissional – supõe uma visão crítica que pode surgir de conhecidos ou de terceiros que emitirão seus pareceres sobre o trabalho acadêmico apresentado.

Devemos reconhecer que para um acadêmico nem sempre é fácil dar visibilidade ao seu trabalho, ainda mais quando se trata de aspectos que não funcionam ou que poderiam ser melhorados. Se isso já é um desafio para o que está relacionado com a sua produção de pesquisa – reconhecer por exemplo que a sua qualidade pode ter falências, pelo menos em certos períodos –, talvez seja igual ou mais problemático reconhecer que sua prática como docente tem aspectos que podem ser criticados de maneira nada sutil por outros. Por isso, uma atitude receptiva à crítica deve caracterizar a quem elabore um portfólio, que lhe permita reconhecer as limitações de seu próprio trabalho ao mesmo tempo que aproveita esta crítica como uma oportunidade para orientar o seu melhoramento.

---

[8]   Cabe lembrar que os dois grandes papéis da avaliação foram resumidos em uma avaliação do tipo formativo, centralizada em julgar a qualidade do desempenho ao longo do processo, dando informação de retorno útil enquanto ocorre. Por seu lado, a avaliação do tipo somativo emite uma opinião sobre o desempenho ao final do processo (Cronbach, 1963; Scriven, 1967).

Por outro lado, existe o problema da interpretação. O autor de um portfólio deverá considerar que o documento que escreve é um texto aberto que nem sempre será entendido de uma única maneira. Com isto não queremos dizer que seja mínimo o controle que se possa ter sobre o sentido daquilo que se diga sobre o trabalho que descreve de si mesmo. Porém, é igualmente apropriado considerar que o leitor potencial de um portfólio acadêmico pode decorrer de uma tradição cultural, institucional e disciplinar provavelmente muito diferente da do autor de um portfólio.

Onde elaborá-lo?

Esta pareceria ser uma questão menor que não precisaria ser desenvolvida nestas diretrizes, posto que o principal em um portfólio acadêmico, e inclusive em um portfólio de docência, é o conteúdo ali alojado. Porém, este assunto técnico referido ao *formato* que se utilize pode chegar a ser determinante em vários sentidos. Para começar, porque se refere ao lugar onde será depositada informação sensível que deve ser facilmente recuperável e deve haver garantias de que não será extraviada. Em segundo lugar, falamos de um tempo considerável de produção e de trabalho de um professor que investe na concepção de um documento complexo, que deve lhe permitir "trabalhar em progresso". Nesse sentido, se ele vai dedicar um tempo considerável à sua elaboração, é necessário que esse formato permita que ele possa regressar a um ou a vários documentos, nos que além do mais seja possível fazer exercícios de reescrita quando se queira voltar a trabalhar sobre versões previas. Em terceiro lugar, é necessário que esse formato seja o suficientemente flexível como para que permita usar material/evidência em múltiplas versões ou linguagens de origem que não podem se limitar somente a documentos escritos; deve incluir tabelas de Excel, imagens, vídeos, páginas web, entre outros recursos.

Voltaremos mais adiante a este assunto, quando façamos referência neste mesmo capítulo ao tipo de material e de evidências que podem ser usadas em um portfólio. Por enquanto basta dizer que é sobre uma prática profissional complexa não restrita a um listado de ações em que versa um portfólio. Por isso, veremos que, para ter suficiente solidez e consistência, um portfólio requer uma grande variedade de formatos que validem a trajetória desse trabalho acadêmico. Para recapitular, é necessário que o formato que se utilize tenha a maioria destas características:

- Segurança e confiabilidade.
- Acessibilidade (disponibilidade para que outros – selecionados pelo autor – possam ler o portfólio).
- Permitir a reescrita e a retroalimentação.
- Versatilidade de formatos a incluir.

Como podem supor, o melhor candidato a quem nos referimos é o formato digital. Com digital queremos dizer que a informação tem umas características que o formato análogo não tem e que cumpre com as quatro propriedades mencionadas. Digitalizar a informação implica traduzi-la em dígitos que, de acordo com Lévy (2007):

> Pode ser transmitida e copiada quase indefinidamente sem perda de informação pois a mensagem original quase sempre pode ser integramente reconstruída a pesar das degradações ocasionadas pela transmissão (telefônica, hertziana) ou pela cópia [...] A informação digitalizada pode ser tratada automaticamente, com um grau de finura quase absoluto, muito rapidamente e a uma grande escala quantitativa. Nenhum outro proceder diferente do tratamento digital atinge ao mesmo tempo essas quatro qualidades. (pp. 37-38)

Um aviso importante neste ponto é que não estamos negando a possibilidade de se fazer um portfólio em formato impresso, usando até mesmo pastas de arquivo que contenham documentos manuscritos. Esta pode ser uma possibilidade para quem achar que todas as orientações oferecidas aqui podem ser atendidas – em relação com a qualidade da reflexão sobre a evidência –, garantindo que um leitor pode dar retroalimentação sobre um documento acessível e legível.

O professor que opte por esta modalidade de formato (análogo) deve, em qualquer caso, certificar-se de que está em concordância com a maneira em que a sua instituição concebe e dispõe de mecanismos para avaliar o trabalho acadêmico. Sim, como dissemos, existe a possibilidade de que a organização não expresse claramente quais são os mecanismos, critérios e instrumentos por ela usados. O professor deverá entrar em contato com os departamentos encarregados de avaliar seu portfólio e informar-lhes que este é o formato que entregará e confirmar se será aceito para sua avaliação. Consideramos que tanto a autonomia do professor quanto a da instituição onde ele trabalha deve ser promovida, porém a articulação entre ambos deve permitir clareza sobre o que se espera que um e outro faça em favor de uma avaliação justa e transparente do trabalho acadêmico.

Referindo-nos novamente ao formato digital, consideramos que os portfólios eletrônicos proporcionam vantagens devido à disponibilidade imediata e à facilidade para organizar as evidências. Uma das pioneiras no referente a portfólios digitais é Ellen Barret (2000), para quem a utilização de hipertextos permite estabelecer relações entre os diversos componentes, o que facilita a reflexão, a leitura e a acessibilidade total, principalmente quando se trabalha em um ambiente digital.

Ao ser amáveis com o meio ambiente, os portfólios digitais evitam o uso da impressão e possibilitam o máximo aproveitamento dos recursos tecnológicos disponíveis. Não obstante, podem proporcionar problemas que devem ser levados em conta para poder minimizar os riscos. Por um lado, temos a conversão de evidências que estão em formatos físicos a formatos digitais porque devem ser escancadas, o que significa mais tempo de trabalho. Adicionalmente, é possível que as habilidades informáticas e tecnológicas do professor não sejam suficientes para desenvolver este tipo de atividades (Arbesú García e Martínez Gutiérrez, 2013; Bozu, 2012; Marín Uribe *et al.*, 2012; Rigo Lemini, 2013).

Ferramentas para elaborar portfólios digitais

Existem muitas ferramentas para elaborar um portfólio digital, graças à oferta atual da denominada web 2.0, que nada mais é do que o conjunto de plataformas abertas dispostas em internet para uso colaborativo (Lledó *et al.*, 2016). Não pretendemos dar um listado exaustivo, pois a oferta varia ano após ano, tornando-as obsoletas e substituíveis por outras. Porém, fazemos uma análise de algumas possíveis ferramentas e uma proposta comparativa para que o leitor tenha uma ampla ágama de possibilidades (tabela 2).

Ferramentas específicas para o desenvolvimento de portfólios

- Mahara. É uma ferramenta destinada para a criação de portfólios eletrônicos, que permite uma estruturação personalizada adaptável às necessidades específicas da instituição; além disso, desenvolve um mecanismo de *SmartEvidence* que possibilita visualizar suas metas e conquistas através de um marco de competências e facilita aos avaliadores o progresso. É uma aplicação de código aberto (*open source*), que não significa gastos extras para o usuário.

  Esta plataforma tem um caráter colaborativo significativo, tanto para sua socialização quanto para desenvolver projetos conjuntos, onde os produtos são escaláveis a um grande número de alunos ou participantes. Também facilita uma integração com outros sistemas de aprendizagem, além de sua aplicação móvel.

  Site web: https://mahara.org/

- Eduportfolio. É uma plataforma criada para o desenvolvimento de portfólios digitais, definidos como um conjunto de tarefas realizadas que mostram os esforços, progressos e realizações da pessoa. Permite um fácil manejo e organização da informação por meio de múltiplas vitrines e uma tabela de conteúdo. Recebe uma variedade de arquivos como documentos de texto, imagens, arquivos de áudio ou de vídeo, documentos de apresentação, links, etc.

  Esta plataforma oferece diversos níveis de proteção para o conteúdo (conteúdo público, protegido ou arquivado) que permitem mediar as interações, pois elas se desenvolvem por meio de comentários, além de ter a opção de entrar em contato com o proprietário por meio de correio eletrônico. Finalmente, oferece um sistema Really Simple Syndication (RSS) para facilitar o fluxo de novos conteúdos, que vêm de diferentes tipos de localização e são completamente grátis.

  Site web: https://eduportfolio.org/

- PortfolioGen. É uma plataforma digital que permite a criação de portfólios eletrônicos, propostos para a reflexão e o contínuo desenvolvimento profissional. Dentro dela se permite a criação de múltiplas páginas, carregar diversos arquivos em vários formatos e o desenho é flexível (principalmente na seleção das cores e na sua adaptabilidade aos diferentes dispositivos).

A plataforma conta com ferramentas que permitem a criação de um perfil onde se pode proporcionar informação acadêmica sobre as instituições às quais pertenceu, certificações e demais elementos curriculares. Do mesmo modo, permite a publicação de material de leitura, o historial de utilização e a socialização desta informação por meio das redes sociais como Twitter e, além disso, oferece evidência (estatísticas) das pessoas que visitam o perfil.

Dentro do portfólio se facilita a criação de um diário onde é possível adicionar notas diariamente e convidar um agente externo a desenvolver uma retroalimentação. A privacidade que se pode manejar no portfólio é variada, pois permite ao docente escolher se estabelecerá um código de segurança para acessar o portfólio, os arquivos específicos dentro dele ou se irá deixá-lo completamente público.

Site web: https://www.portfoliogen.com/

Ferramentas tecnológicas que permitem a criação de portfólios eletrônicos

- OneNote (Office 365). Dentro de todo o pacote de ferramentas que oferece Office, recomendamos este bloco de notas para o desenho de um portfólio digital, já que permite escrever, gravar áudios, desenhar e carregar múltiplos arquivos. Isto dentro de uma organização estruturada e flexível de armazenamento online, o que facilita o constante acesso e edição em diferentes dispositivos móveis. Além disso, esta ferramenta possibilita um trabalho colaborativo, pois permite compartilhar este bloco selecionando as ações desejadas (visualização do documento ou sua edição).

  Site web: https://products.office.com/é/onenote/digital-note-takingapp

- Weebly for Education. É uma ferramenta que facilita a criação de páginas web e blogs; devido a sua fácil edição com seu mecanismo de "arrastar e soltar", permite estabelecer um desenho organizado com vídeos, áudios, imagens e fóruns. Esta plataforma suporta um número ilimitado de blogs, que são moderados com comentários e promovem conversas abertas e fechadas.

Site web: https://education.weebly.com/ed-advisors.php

- Blogger. Esta ferramenta possibilita a criação de blogs, onde se oferecem múltiplas planilhas com desenhos flexíveis e o desenvolvimento de criações próprias. Por outro lado, brinda um serviço de domínio gratuito, que poderá ser personalizado pagando um domínio próprio; além disso, permite a edição constante do conteúdo e a tomada de decisões referente à sua acessibilidade, pois o autor decide se o acesso ao seu blog será público ou restringido. Do mesmo modo, o desenvolvimento colaborativo é uma possibilidade dentro desta plataforma, por meio da gestão de "grupos de trabalho".

  Site web: https://www.blogger.com/about/?r=2

- WordPress. É uma plataforma que permite a criação de páginas web, blogs e portfólios. Sua estrutura é simples e está organizada por uma tabela de conteúdo. Na administração do portfólio é possível criar equipes, identificar os seguidores e realizar múltiplos ajustes; conta também com ferramentas de integração onde podem ser vinculadas páginas como Blogger e Wix. Dentro das possibilidades do site web podemos ver a diferenciação entre páginas, entradas, meios e comentários.

  Site web: https://wordpress.com/pt-br

- Wix. Plataforma destinada à criação de páginas web, com mais de 500 planilhas com diferentes objetivos comerciais, de fácil manejo e edição, com altos níveis de flexibilidade (considerando dispositivos móveis). Dentro desta página web se pode criar várias seções e alcançar uma estrutura complexa; a interação é possível mediante a configuração de uma caixa de comentários e os colaboradores selecionados pelo docente com diferentes abrangências dentro da mesma página web.

  Site web: https://pt.wix.com

- Pearltrees. É uma ferramenta de organização e socialização de informação, de fácil manejo que recebe múltiplos formatos de texto e imagem com uma inscrição gratuita. A principal vantagem desta plataforma é a sistematização e estruturação da informação com a criação de diferentes ramificações e subramificações. Possui uma especialidade chamada

"Pearltrees Education", enfocada na criação de uma rede educacional colaborativa para alunos e professores.

Site web: https://www.pearltrees.com/

Tabela 2. **Comparativo entre ferramentas digitais de acordo com seus atributos**

Ferramenta	Segurança e confiabilidade	Acessibilidade	Permitir reescrita e Retroalimentação	Versatilidade em seus formatos
Mahara	A plataforma oferece uma explicação detalhada do manejo de dados, suporte ao cliente e um consentimento de termos e condições.	Acesso aberto.	O caráter colaborativo dentro de Mahara é significativo, pois está projetada com uma estrutura modular de fácil integração (possibilita sua integração com Moodle), além da comunidade que constrói ao redor de sua plataforma. Tem uma personalização que permite a reescrita das publicações, assim como a modificação do *SmartEvidence*.	Múltiplos formatos (fotos, vídeos, arquivos PDF, Word, PowerPoint, etc.).
Eduportfolio	Diversos níveis de proteção para o conteúdo (conteúdo público, protegido ou arquivado). Previamente à inscrição e ao desenvolvimento do portfólio, podemos mencionar que sua instituição faz parte desta plataforma e o trabalho que você maneje como público poderá ser divulgado.	Acesso aberto.	A edição das vitrines criadas na plataforma não é definitiva; podem ser modificadas a qualquer momento. A retroalimentação é possível dependendo do critério de privacidade adotado pelo docente; não obstante, a plataforma permite exportar o portfólio em um USB ou CD, com a finalidade de poder vê-lo sem estar conectado. Do mesmo modo, buscando uma fácil socialização, Eduportfolio permite a escolha do URL do portfólio.	Múltiplos formatos (documentos de texto, imagens, arquivos de áudio ou vídeo, documentos de apresentação, links, etc.). Capacidade limitada a 100 Mb.

(Continua)

Ferramenta	Segurança e confiabilidade	Acessibilidade	Permitir reescrita e Retroalimentação	Versatilidade em seus formatos
PortfolioGen	Escolha do docente: o portfólio pode ser definido como público ou gerar um código de segurança para estabelecer sua privacidade. Ela é flexível, por isso é possível proteger certos documentos ou páginas sem ter de determinar como privado todo o portfólio.	Geral: acesso aberto. Versão *premium*: com Licença.	As páginas, os documentos, o perfil e demais elementos do portfólio permitem a modificação constante. É possível ter acesso à retroalimentação por meio de comentários. O docente tem a possibilidade de escolher de quem aceitará estes comentários (qualquer pessoa pode comentar, somente pessoas inscritas em PortfolioGen ou desabilitar a opção de comentários).	Múltiplos formatos (fotos, vídeos, arquivos PDF, Word, PowerPoint, etc.).
OneNote (Office 365)	Estando OneNote imerso nas aplicações de Office 365, usa as mesmas cláusulas de privacidade e confiabilidade. A informação está protegida com uma conta de correio eletrônico, que lhe permite exercer o controle sobre a informação compartilhada e também a edição de terceiros.	Com Licença.	OneNote permite a reescrita das páginas além de sua reorganização constante. É possível compartilhar o portfólio mediante o correio eletrônico; além disso, conta com a possibilidade de aprovar a edição por agentes externos ou exclusivamente compartilhar o conteúdo visualmente.	Múltiplos Formatos (fotos, vídeos, arquivos PDF, Word, PowerPoint, etc.).

(Continua)

Ferramenta	Segurança e confiabilidade	Acessibilidade	Permitir reescrita e Retroalimentação	Versatilidade em seus formatos
Weebly for Education	O docente decide quais seções são públicas ou privadas e quais podem ser editadas.	Aberto e com Licença.	A utilização dos blogs permite a retroalimentação por meio de conversas abertas ou fechadas. Além disso, a página permite uma reestruturação constante e a reescrita vinculada às decisões do docente sobre a privacidade. Igualmente, a plataforma oferece o *hosting* gratuitamente, o que permite a sua fácil socialização.	Múltiplos formatos (fotos, vídeos, arquivos PDF, Word, PowerPoint, áudios, etc.).
Blogger	O blog pode ser de acesso público ou restringido, dependendo da escolha do autor. Dentro da plataforma não há muita informação a respeito do manejo de dados.	Acesso aberto. Integração com diferentes ferramentas de Google.	A reescrita nesta plataforma pode ocorrer de forma contínua e colaborativa, por meio de comentários ou sendo "membros da equipe", com um número máximo de cem membros por blog.	Múltiplos formatos (fotos, vídeos, arquivos PDF, Word, PowerPoint, etc.). Porém, existem requisitos mínimos para o tamanho das fotos e para a capacidade de armazenamento (GB).
WordPress	A plataforma oferece segurança a respeito da informação tratada, pondo sua política de privacidade na página principal onde especifica o processo que se desenvolve ao compartilhar a informação.	Com Licença.	Esta plataforma oferece diversos produtos como blogs, páginas web e portfólios, por isso a comunicação e a retroalimentação com terceiros pode ocorrer de diferentes formas (comentários, acessos para edição, etc.). A edição nestas ferramentas pode ser constante.	Múltiplos formatos (fotos, vídeos, arquivos PDF, Word, PowerPoint, etc.).

(Continua)

Ferramenta	Segurança e confiabilidade	Acessibilidade	Permitir reescrita e Retroalimentação	Versatilidade em seus formatos
Wix	A política de privacidade está explícita e detalhada na página, considerando a informação que é compilada, sua intenção e armazenamento. As seções da página web são públicas.	Acesso aberto. Versão *premium*: com Licença.	A constante edição desta página web é possível; também permite realizar um processo colaborativo por meio dos diferentes papéis de colaboradores sugeridos pelo programa, além dos comentários que os visitantes possam deixar.	Formatos limitados (fotos, vídeos, GIFS).
Pearltrees	Para manejar a privacidade do conteúdo é preciso considerar que o tipo de licença a adquirir é como "teacher" ou "Professor"; contudo, na página principal você encontrará os termos de privacidade desta ferramenta. Igualmente, manifestam o seu alinhamento ao marco de confiança do Ministério Francês de Educação Nacional.	Acesso aberto. Versão *teacher* ou *professor* com Licença.	Existe Pearltrees Teams que permite a edição colaborativa e a organização da informação; também é possível vinculá-la a diferentes redes sociais e plataformas como WordPress blogs. Esta estrutura ramificada (pérolas) pode ser editada constantemente.	Múltiplos formatos (fotos, vídeos, arquivos PDF, Word, PowerPoint, etc.).

Fonte: elaboração própria.

Então, outra opção que pode ser mais pertinente e que de fato sugerimos como a melhor plataforma, é exatamente aquela já usada pela instituição educacional como gestora de conteúdo.[9] A razão principal é que neste caso haverá uma maior apropriação de parte dos professores (devido à trajetória e à

[9] O que atualmente se denomina Learning Management System (LMS) são plataformas que permitem realizar esta função de administrar conteúdos tanto acadêmicos quanto administrativos.

facilidade de usá-la) e também da parte do comitê de avaliação da instituição, que talvez possa estar mais familiarizado com este espaço virtual.

Em qualquer caso, o essencial é que um professor sinta confiança e segurança, unido ao resto de características já nomeadas, de modo que o exercício de escrever, subir informação, editá-la, ajustar seu formato, compartilhar o portfólio, receber comentários, etc., seja prático e que ele possa sentir no final que o seu esforço valeu a pena e que inclusive isso pode ser comprovado visualmente.

Estrutura de um portfólio

Chegamos ao que muitos consideram o coração desta guia para projetar um portfólio, a saber, sua estrutura. É talvez um aspecto técnico e formal, porém sem dúvida é um dos mais complexos de definir, pois, como viemos insistindo, não se pode padronizar uma única forma de descrever ou de delimitar o trabalho acadêmico, e tampouco devemos ignorar a variabilidade institucional e cultural que existe para avaliá-la. Portanto, o que aqui fazemos é revisar um conjunto de experiências provenientes de várias latitudes, as quais devem servir somente como exemplo a considerar, porém não devem limitar nem a criatividade nem a necessidade de se ajustar às lógicas locais que cada professor tenha em seu próprio contexto universitário. Antes de fazer uma comparação entre os três referentes, descrevemos brevemente como eles concebem o uso e o sentido do portfólio.

A experiência do Columbia College de Carolina do Sul: o portfólio de desenvolvimento profissional de honras

O portfólio de desenvolvimento profissional de honras é um documento que apresenta o processo professoral por meio da reflexão crítica para reconhecer papéis, responsabilidades, conquistas e objetivos. Uma característica deste portfólio é que para conseguir um documento bem informado é preciso ter um mentor. A articulação entre a reflexão da prática docente, o acompanhamento do tutor e a apresentação de evidências apoia as afirmações que fazem parte da narrativa reflexiva do portfólio.

Como método, o portfólio é útil porque documenta o trabalho profissional, constituído pela docência, o serviço e outros aspectos. O portfólio proposto se vislumbra como um veículo para o melhoramento pessoal e profissional, assim como da avaliação do desempenho, a integração das responsabilidades e a formulação de objetivos e metas para melhoria (Ford e Zubizarreta, 2018).

A experiência de algumas universidades na África do Sul

Na academia sul africana estão sendo feitas reformas dirigidas a avaliar o grau de compromisso que o professorado tem diante do ensino, da pesquisa e do serviço. Neste sentido, o portfólio acadêmico permite aos professores apresentar e registrar seus avanços de ensino, contribuindo assim para a tomada de decisões em relação aos membros da equipe nas faculdades, e se configura como uma ferramenta de autoavaliação e reflexão.

Como parte das responsabilidades das faculdades, elas devem gerenciar seus sistemas e processos de avaliação do desempenho docente. De modo geral, as universidades recomendam que isso seja avaliado ao levar em conta a docência, a pesquisa e o serviço. Ao mesmo tempo, indicamos uma tabela que sugere às faculdades os incentivos que elas podem oferecer aos seus professores quando sua docência é satisfatória. A seguir, mencionamos esses incentivos (Enwefa *et al.*, 2004):

- Prêmios/bolsas de estudo.
- Tempo de liberação anual para o professorado.
- Desenvolvimento de *workshops* e seminários sobre ensino e aprendizagem.
- Acompanhamento no desenvolvimento de portfólios.
- Centro de recursos para professores no câmpus e suporte tecnológico.
- Apoio salarial adicional.
- Apoio para participar em conferências sobre ensino e desenvolvimento dos portfólios.

A proposta de portfólio acadêmico de Seldin e Miller

Um terceiro referente que consideramos relevante é o proposto por Seldin e Miller (2009). Para estes autores, o portfólio acadêmico regularmente tem cinco categorias principais, a partir das quais os professores geram subcategorias e as enriquecem com detalhes valiosos em relação às suas atividades profissionais, iniciativas, metas, realizações e reflexão de sua prática. No final, propõem uma seção de apêndice que reúne em um único lugar as evidências que sustentam o resto do portfólio:

- Prefácio.
- Atividades de ensino.
- Atividades de pesquisa.
- Atividades de desenvolvimento institucional/serviço.
- Seção integrada do trabalho profissional.
- Metas.
- Apêndice (consiste na amostra e organização de evidência escolhida, para brindar o suporte adequado às seções narrativas do portfólio).

A seguir fazemos uma comparação entre os três modelos revisados em relação aos componentes que um portfólio acadêmico poderia conter (tabelas 3-5).

Tabela 3. **Componentes em docência**

Seldin e Miller (2009)	Enwefa *et al.* (2004)	Ford e Zubizarreta (2018)
Descrição da filosofia de ensino, seus objetivos e a metodologia.	Declaração de filosofia do ensino, responsabilidades docentes e objetivos de ensino.	Fundamentação do portfólio, papéis e responsabilidades.
Descrição de revisões curriculares.	Descrição dos materiais ensinados no curso (programas de estudo, folhetos, tarefas).	• Objetivos de desenvolvimento profissional. • Filosofia do compromisso profissional: ensino, bolsa de estudo, serviço.
Curso selecionado (*syllabus*).	Descrição de revisões curriculares, novos projetos de cursos, estágios.	Materiais do curso de honras: *syllabi*, folhetos, slides, tarefas, exames, projetos.

(Continua)

Seldin e Miller (2009)	Enwefa *et al.* (2004)	Ford e Zubizarreta (2018)
Dados da avaliação do curso feita pelos alunos.	Descrições de ambientes de ensino inovadores e não tradicionais (trabalho com auxiliares de laboratório, sessões especiais de ajuda, trabalho com o aluno durante o horário de expediente, contato fora da sala de aula de qualquer tipo com os alunos).	Avaliação e melhoramento do profissional.
Documentação das atividades de melhoramento docente.	Resultados da ferramenta de avaliação de qualificação de alunos.	Narrativa reflexiva sobre o ensino.
Relatórios de observação na sala de aula por colegas da faculdade ou administradores.	Notas dos alunos em testes de classe, exames estaduais, exames de certificação nacional.	Avaliações e comentários: qualificações dos alunos, revisões por pares, avaliações anuais, revisões de publicações profissionais, apresentação de conferências/*workshops*/comentários de consultoria.
	Avaliações de colegas, aqueles que observaram seu ensino na sala de aula ou revisaram materiais (programas do curso, tarefas, práticas de avaliação/qualificação).	Recomendações e ideias compartilhadas com os colegas.
	Declaração do diretor do departamento onde se faz a avaliação da sua contribuição docente.	
	Declaração da visão/missão geral do seu departamento e da sua universidade.	

Fonte: elaboração própria.

Tabela 4. **Componentes em produção acadêmica**

Seldin e Miller (2009)	Enwefa *et al.* (2004)	Ford e Zubizarreta (2018)
Natureza das declarações de pesquisa do professor.	Documentação das publicações (monografias, capítulos de livros, resumos, publicações em internet).	• Filosofia do compromisso profissional. • Produção acadêmica.

(Continua)

Seldin e Miller (2009)	Enwefa *et al.* (2004)	Ford e Zubizarreta (2018)
Declarações de outros que comentam sobre a pesquisa e a *scholarship* do professor.	Livros (publicados ou sob contrato, incluindo os papéis de autor, editor, colaborador).	Elogios e agradecimentos de fontes profissionais.
Amostra selecionada de livros ou publicações em revistas ou obras criativas.	Documentação de sua atividade/liderança em conferências/programas regionais, nacionais e internacionais.	Pesquisa colaborativa de professores/alunos com honras e disciplina.
Financiamento externo e subvenções obtidas, propostas de subvenção sob revisão.	Documentação de artigos de revistas (*paper* impresso ou eletrônico).	Consultoria de materiais e *workshops* para honras e desenvolvimento da faculdade.
Nomeações editoriais e cargos em sociedades profissionais.	Documentação de reimpressões de artigos em livros revisados por pares.	Apresentações, publicações, conferências magistrais sobre educação com honras, melhoramento do ensino e da aprendizagem universitária e liderança acadêmica.
Amostra selecionada das apresentações de conferências, leituras, atuações ou exibições.	Documentação das editoriais de revistas ou livros profissionais.	
Supervisão de alunos graduados.	Documentação de colóquios em outras universidades e apresentações de conferências acadêmicas.	
	Documentação de artigos como autores convidados para números temáticos de uma revista.	
	Documentação da avaliação de subvenções e documentos técnicos.	
	Documentação de produtos curriculares originais (CD, vídeos, exames, livros de texto).	
	Documentação de membresia em conselhos de revisão para associações profissionais.	
	Documentação do seu papel em comitês de tese/doutorado.	

Fonte: elaboração própria.

Tabela 5. **Componentes em serviço**

Seldin e Miller (2009)	Enwefa *et al.* (2004)	Ford e Zubizarreta (2018)
Amostra selecionada de comitês e de grupos de trabalho dos departamentos e das instituições.	Declaração das atividades de serviço à escala local, regional/estatal, nacional/internacional e dos programas/faculdades/universidades.	Filosofia do compromisso profissional de serviço.
Descrição da função e contribuição aos comitês e grupos de trabalho.	Documentação do uso de seus materiais de ensino por outros colegas em outros departamentos, faculdades, colégios ou universidades.	Honras, desenvolvimento do professorado.
Assessoramento estudantil, tutoria a colegas *júnior* e atividades de serviço e aprendizagem.	Documentação da organização de retiros, sessões de planejamento estratégico.	Materiais para a liderança administrativa.
Participação em grupos, agencias e organizações cívicas da comunidade.	Documentação de serviço em comitês de acreditação, currículo/planejamento, grupos de trabalho, comitês de revisão de programas.	Faculdade/serviço administrativo no câmpus e em lugares profissionais.
	Presença nas sessões de capacitação profissional, orientação ou desenvolvimento para o professorado.	Materiais de liderança administrativa: relatórios anuais, avaliações, subvenções, iniciativas e minutas do comitê, boletins, anúncios.
	Documentação de conferências profissionais, sessões de pôsteres, simpósios de pesquisa.	Esforços de melhoramento profissional em honras, desenvolvimento do professorado e disciplina.
	Documentação de atividades de desenvolvimento docente (assistência a conferências, *workshops* de ensino).	Prêmios da faculdade/administrativo/profissional de ensino, bolsas de estudo, serviço.
	Documentação de participação em atividades fora do câmpus relacionadas com o ensino na disciplina (trabalhando com grupos comunitários locais).	
	Prêmios de ensino/reconhecimento/certificados.	

Fonte: elaboração própria.

Uma proposta de estrutura

Após revisar estas experiências no âmbito internacional, nos acolhemos a uma estrutura geral que acreditamos ser a que reúne as dimensões mais relevantes, sem pretender abarcar as realidades que fazem parte de cada contexto institucional. Esta estrutura representa um ponto de partida a partir do qual o leitor – e sua instituição – pode realizar um exercício mais ou menos participativo que justifique as variações necessárias. Igualmente reunimos nossa experiência acompanhando os professores provenientes de diversos campos disciplinares, com diferentes trajetórias que vão desde os professores recém-chegados de sua formação doutoral e que iniciam sua carreira docente, até aqueles professores que pensavam aplicar ao seu ordenamento como professores titulares. Ao longo dessa experiência, vimos que uma estrutura geral pode servir para que um ou outro perfil o acomode à sua trajetória enquanto se alinha com o mínimo que um comitê avaliador pode demandar. Cabe mencionar que a proposta de Seldin e Miller é a que nós acreditamos ser a mais centrada nos requerimentos mínimos de um processo de avaliação, e por isso nos aproximamos mais a este último modelo.

Estrutura geral do portfólio acadêmico

- *Apresentação.* É a introdução feita pelo professor sobre si mesmo e do documento que está apresentando. É o momento para dirigir-se a uma potencial audiência, mostrando-lhe o propósito do portfólio e o modo como está estruturado.
- *Docência direta.* Se refere à prática docente, que contempla todas as atividades de formação em todos os níveis em que participe (graduação, pós-graduação e formação contínua).
- *Produção acadêmica.* Nesta seção o professor revela o seu desempenho como acadêmico em relação com a produção de conhecimento de acordo com seu campo disciplinar, atendendo às múltiplas formas de produção que esta reconheça.
- *Serviço.* Está relacionado com todas aquelas atividades que contribuem para o crescimento da unidade acadêmica e de maneira geral para o

desenvolvimento da instituição onde o professor exerce seu trabalho. As atividades de serviço também se referem ao âmbito externo e a todas as tarefas de impacto na sociedade, que não necessariamente representam retorno de renda para a instituição (por exemplo, consultoria), mas que fazem parte das funções de responsabilidade social da instituição universitária.[10]

- *Integração reflexiva das responsabilidades professorais.* Esta seção propõe que o professor não permaneça em um plano esquemático e fragmentado em torno ao seu trabalho, mas que mostre a articulação (conexão) entre a docência, a pesquisa e o desenvolvimento institucional.

Orientações para a construção detalhada do conteúdo em cada seção

Apresentação

Uma vez que se refere à carta de apresentação feita pelo autor, é importante ser breve e dar informação relevante que convide o leitor a ler o portfólio. Isto quer dizer que deve tratar-se de uma narração com sentido biográfico, que suscite interesse sem dar detalhes que logo poderão ser ampliados.

A primeira parte poderia ser uma seção que mencione a sua formação profissional, sua trajetória na instituição e o propósito de fazer o portfólio (como dissemos, deveria explicitar-se se este é um portfólio dirigido ao aperfeiçoamento, um insumo para a avaliação do desempenho ou uma preparação para apresentar-se ao ordenamento professoral).

Posteriormente, se pode elaborar um ou dois parágrafos por cada uma das três grandes responsabilidades que serão desenvolvidas ao longo do portfólio. Para o caso da docência direta, se pode mencionar brevemente o que Seldin e Miller (2009) denominam "responsabilidades de docência", isto é, uma breve descrição dos cursos, seminários e áreas de formação desenvolvidas pelo

---

[10]   Em alguns contextos universitários – pelo menos na América Latina – se estende o raio de ação até o serviço comunitário em vez de somente referir-se ao âmbito institucional; tal é o caso da Universidade Nacional Autônoma do México (UNAM), que denomina "desenvolvimento da cultura" a esta terceira responsabilidade do docente universitário (Sánchez e Martínez, 2019).

professor. Como indicamos, não se trata de fazer uma lista exaustiva, mas sim uma bem geral, que proporcione ao leitor uma ideia sobre as áreas de formação que fazem parte do perfil docente e de seu interesse pelo ensino em um campo disciplinar.

Uma seção seguinte deveria mencionar o perfil de pesquisa que logo será desenvolvido. Uma pista para fazer esta breve descrição é referir-se em duas ou três linhas à agenda de pesquisa construída pelo professor ao longo de sua trajetória profissional. É importante atentar para as diferenças de perfil de cada caso: tratando-se de um professor *júnior* que está iniciando sua carreira professoral, ele deverá se referir aos interesses de pesquisa que pretende desenvolver futuramente. Ao contrário, se o autor do portfólio for um professor *sênior*,[11] talvez seja mais conveniente uma visão retrospectiva da agenda de pesquisa por ele desenvolvida.

Uma última seção se referirá às principais atividades de desenvolvimento institucional ou de serviço. Assim como nas duas seções anteriores, nesta devemos mencionar as grandes áreas de atuação, que podem ser resumidas na liderança nos âmbitos interno (departamento, faculdade ou instituição em geral) e externo (mencionando o tipo de projetos sociais ou de consultoria que se queiram destacar por seu impacto).

É muito importante – não somente para esta seção de apresentação, mas também para o projeto geral do portfólio – identificar a janela de tempo a partir da qual se pretende apresentar o portfólio. Isto está vinculado ao propósito e à audiência da qual já falamos. Em efeito, referindo-se a um professor que queira se postular para um ordenamento professoral após o período estipulado em sua instituição universitária, então talvez a janela de tempo de seu portfólio deva ser a partir da sua última promoção. Ao contrário, tratando-se de um professor que está a ponto de se retirar e que queira usar o portfólio como um mecanismo para sistematizar e mostrar todo o seu legado – tanto para uma

---

[11] Decidimos usar termos mais genéricos para referir-nos a categorias professorais que podem mudar de um contexto para outro. Em vez de professor novato ou instrutor usamos a expressão *júnior*, e em vez de falar de um professor associado ou titular nos referimos a *sênior*. Preferimos omitir expressões que podem ser aplicadas em um contexto e ser impróprias em outro, utilizando estas duas categorias que expressam a trajetória e a experiência de um professor no meio universitário.

instituição quanto para um campo acadêmico – talvez seja mais apropriado que ele assinale certos marcos no tempo que sejam representativos da sua docência, da sua pesquisa e da sua liderança em diferentes iniciativas.

Docência

Podemos dizer que esta seção constitui o que na literatura se refere como sendo o portfólio da docência, isto é, a organização documentada, baseada na evidência, e reflexiva sobre a prática docente. Por isso, é talvez uma das seções mais complexas e que precisa de muito tempo de planejamento e de escrita. Como veremos, as outras duas seções (produção acadêmica e desenvolvimento institucional) podem já contar com evidência reunida e, portanto, podem carecer de menos tempo de processamento e de análise, porém nesta seção devemos considerar várias subseções que a seguir detalharemos.

Subseções dentro da docência direta

- Filosofia docente.
- Planejamento e *design* dos cursos.
- Criação e desenvolvimento de ambientes de aprendizagem.
- Metas para o aperfeiçoamento.

Devido à complexidade e à importância de cada uma destas subseções, a seguir oferecemos algumas orientações para alimentar cada uma delas, delimitando o seu alcance e a sua relevância para mostrar o trabalho acadêmico na dimensão da docência.

Filosofia docente

Esta é uma seção obrigatória em qualquer portfólio de docência e se refere não só ao modo em que o professor concebe o seu exercício docente e à sua maneira de ensinar, se trata também da aprendizagem e do sentido do seu trabalho para incentivá-lo. Como diz o Centro de Ensino da Universidade de Vanderbilt, se trata de uma declaração vívida que conceitualiza de maneira exemplificada o enfoque que se tem sobre a própria prática docente. Mais do que uma série de afirmações genéricas e vazias, devemos entender esta "filosofia" como uma declaração de princípios que mostra de com precisão o "selo pedagógico" de um docente, para isto devemos usar entre um e dois exemplos que sustentem tais afirmações. As seguintes indicações podem servir para orientar o docente na construção desta seção (Vanderbilt University, 2018):

- Descreva a concepção de como você acha que ocorre a aprendizagem.
- Descreva como você considera que a sua prática docente facilita e promove a aprendizagem dos seus alunos.
- Se trata de uma reflexão sobre o seu modo de ensinar, e também sobre como define as metas para conseguir a aprendizagem dos seus alunos.
- Como neste texto usamos um ou dois exemplos sólidos, esta declaração deve demonstrar claramente como os princípios, metas e crenças se consolidam na prática profissional.
- Esta declaração deve mostrar também um interesse explícito do professor em usar certos enfoques (p. ex., aprendizagem baseada em problemas), didáticas (p. ex., mapas conceituais) ou em incentivar determinados tipos de aprendizagem (p. ex., aprendizagem experiencial ou pensamento crítico).
- Para aqueles que têm uma trajetória docente mais longa – talvez de vários anos – é muito importante descrever como a sua concepção sobre o ensino e a aprendizagem mudou ao longo do tempo. Mostrar esta mudança é relevante para demonstrar o crescimento pessoal.

Como diz este mesmo Centro de Ensino, nos referimos a um texto de mais ou menos duas ou três páginas, escrito em primeira pessoa, com uma linguagem simples, evitando o uso de jargão técnico especializado. Um aspecto muito importante é que ele deve tentar conectar este "selo pedagógico" que caracteriza a sua docência, à pesquisa que realiza (Vanderbilt University, 2018).

Como recomendação principal, é importante usar um estilo menos normativo (fazer afirmações sobre o que *deveria fazer*) e mais experiencial (descrever o que *realmente* costuma fazer e mencionar porque o faz assim). Somente assim o texto adquire maior coerência com uma declaração pessoal que não evita nem teme o erro como possibilitador de crescimento.

É possível criar comunidades de professores que se apoiem para construir portfólios acadêmicos e de docência em uma instituição educacional. Se isto é viável, uma prática muito útil é que – sob um clima de confiança e de crítica construtiva – se possa fazer uma leitura por pares, pelo menos das versões mais avançadas do portfólio. Esta revisão e reescrita da filosofia docente produto da leitura cruzada entre colegas é bastante enriquecedora. Para Nancy Van Note Chism (1997), professora emérita de Educação em Indiana University-Purdue University Indianapolis (IUPUI), verificar declarações sobre a filosofia docente pode ajudar os professores a refletir sobre o seu próprio crescimento e a renovar a sua dedicação às metas e valores que professam.

Planejamento e desenho de cursos

Os marcos existentes no âmbito internacional para definir a boa docência identificam o planejamento como uma competência central que é necessário desenvolver. Esta seção se referirá então a todos os esforços feitos pelo professor universitário para criar ambientes que incentivem a aprendizagem. A seguir, oferecemos um conjunto de perguntas que buscam orientar a construção desta seção, que se referem principalmente ao que se denomina em pedagogia "alinhamento curricular". Com isto queremos dizer que os três grandes componentes de um ambiente de aprendizagem – os objetivos formulados, as estratégias de ensino e as formas de avaliar a aprendizagem – estão articulados (Alcoba, 2013; Glatthorn, 1999).

Não pretendemos dizer que o professor esteja obrigado a mostrar alinhamento entre estes três componentes (é bem possível que em muitos casos não seja assim); porém, ao fazer este exercício reflexivo, é importante revelar como se planejam estes três eixos-chave de qualquer projeto educativo. As seguintes perguntas buscam guiar o professor que pretende iniciar a escritura desta seção:

- Quais os aspectos que você leva em consideração no momento de planejar uma aula? Por quê?

- Que tipo de recursos educacionais você seleciona e como acha que eles contribuem para a consecução dos objetivos de aprendizagem?
- Como você planeja a avaliação da aprendizagem? Como você constrói os critérios de qualidade de um produto ou um processo?
- Que material educativo você desenvolveu?
- Qual estratégia (ou estratégias) de ensino serve(m) de apoio para a sua docência?
- Por que você usa esse e não outro método? (*workshops*, aprendizagem baseado em projetos [ABP], projeto grupal, outros).

Cabe mencionar a diferença que fazemos nestas diretrizes entre planejamento e desenho, pois, embora seja sutil, é importante para o autor de um portfólio. Quando falamos de desenho nos referimos ao esforço deliberado por criar atividades, sequências de atividades, recursos e demais estratégias para incentivar a aprendizagem sobre a base da intencionalidade pedagógica e da criatividade. Não significa que deva haver originalidade no desenho, pois podem ser adaptações de outros contextos em que se realizam certas atividades, contudo, devemos destacar o esforço por ajustá-lo ao contexto. Por outro lado, quando nos referimos ao *planejamento*, enfatizamos a atividade periódica de verificar o projeto educativo inicial e as condições logísticas preparadas por uma ou mais sessões. Por planejamento vamos nos referir a toda gestão pedagógica que possibilita a implementação do desenho concebido (SEP, Secretaría de Educación Pública, México, 2010).

Criação e desenvolvimento de ambientes de aprendizagem

Após visibilizar os esforços de desenho e planejamento, que supostamente ocorrem com antecedência ao início de um período acadêmico, é necessário referir-se à sua implementação na sala de aula. Esclarecemos que não precisa se tratar de uma sala de aula como espaço físico fechado, mas que pode se referir a todas as interações que ocorrem entre o professor e o aluno para atingir os objetivos educacionais. Pensemos por exemplo nos ambientes virtuais de aprendizagem, nas práticas formativas que no campo da medicina são as rotações por especialidades em um hospital ou naquelas saídas de campo onde se desenvolvem projetos. Se trata, em suma, de mostrar todas as interações, as situações de aprendizagem, a implementação das estratégias que são significativas para o professor (que por certo já deve tê-las mencionado na seção sobre sua filosofia docente), de modo que o leitor possa fazer uma ideia muito vívida e clara sobre o que acontece regularmente em um entorno de aprendizagem liderado pelo autor do portfólio.

As seguintes são perguntas que podem ajudar o professor a orientar a escritura desta seção que, como já foi dito, deve transformar-se em um retrato vívido do modo como se desenvolvem os ambientes de aprendizagem por ele liderados.

- Como você desenvolve suas aulas para responder às necessidades, interesses ou ritmos dos alunos?
- Como você descreveria seus ambientes da sala de aula em termos de clima e formas de interação?
- Que atividades e exercícios específicos você utiliza para conseguir que seus alunos aprendam?
- Como você sabe que as metas de aprendizagem com seus alunos foram alcançadas? Quais são as formas de avaliação que você utiliza na sala de aula?
- Que usos você dá à avaliação em seus cursos?

Uma das recomendações mais importantes para a construção desta seção é fazer o melhor uso das avaliações feitas pelos alunos. Em muitas instituições este é o único insumo disponível para avaliar a docência, ao ponto de que se institucionaliza como o mecanismo que determina o desempenho de um professor em relação com a prática docente. Dissemos no início deste livro que queremos superar uma visão limitada da avaliação do trabalho acadêmico, particularmente da prática docente, usando somente um insumo como ponto de vista único para emitir pareceres sobre o trabalho feito por um professor. Porém, é claro que a avaliação feita pelos alunos da docência do professor acaba sendo um insumo importante para alimentar esta seção. Bem utilizada, esta avaliação (geralmente uma enquete fechada de percepção com escala Likert, ainda que possa variar de uma instituição para outra) serve para mostrar aspectos positivos e que poderiam ser melhorados que devem ser revisados periodicamente (Paulsen, 2002, citado em Colbeck, 2002).

Uma estratégia para usar apropriadamente esta avaliação é a de extrair os aspectos favoráveis que destaquem o que o docente afirma sobre a sua própria prática docente, porém ao mesmo tempo devem ser analisadas estas opiniões com aspectos desfavoráveis que mostram os problemas percebidos pelos alunos em diversas áreas (a comunicação, o uso de estratégias pedagógicas, a forma de avaliar a aprendizagem, entre outros). Extrair somente alguns testemunhos de alunos – favoráveis e desfavoráveis – em vez de extrair grandes quantidades de comentários evita uma leitura chata e permite ponderar o tipo de aspectos que se quer destacar.

Metas para melhoramento

Este último parágrafo pode estar independente dos dois anteriores, como ocorre com o de anexos. Porém, pode estar tanto no "Planejamento e projeto" quanto na "Criação de ambientes de aprendizagem", uma seção final que se refira ao melhoramento de cada uma destas dimensões. É uma questão de estilo.

O importante é contar com uma seção que se refira àqueles aspectos que o professor considera que pode vir a melhorar, produto de uma análise crítica da experiência e da evidência reportada. Se decidirem fazer uma seção que se refira ao melhoramento da docência em geral, as seguintes perguntas que propõem Seldin e Miller (2009) podem ser úteis para construí-lo:

- Quais as metas de docência não fui capaz de atingir e que gostaria de alcançar?
- Como o meu departamento/faculdade/instituição pode ajudar-me a alcançá-las?
- Que tipo de recursos acho que preciso para alcançar essas metas? (recurso humano, espaço, tempo, dinheiro, etc.).

Do mesmo modo, estas perguntas também complementam o exercício reflexivo e têm sido úteis para nós no trabalho de acompanhamento aos professores:

- O que acho que posso melhorar? (em cada uma das dimensões que se descreva).
- O que preciso para melhorar? (condições pessoais, organizacionais, entre outros aspectos).

Produção acadêmica

Esta seção versa sobre a produção de conhecimento de um professor de acordo com o seu campo disciplinar, atendendo às múltiplas formas de produção reconhecidas não somente no referido campo, mas também na instituição onde trabalha. Na Universidad de los Andes (Colômbia) são reconhecidos pelo menos seis tipos de produtos de conhecimento (Universidad de los Andes, 2015):

1. Geração, aplicação e integração de conhecimento.
2. Criação.
3. Inovação.
4. Empreendimento.
5. Pesquisa, desenvolvimento e inovação docente.
6. Assessoria de tese e projetos de graduação.

Reconhecer as formas de produção legítima de conhecimento é uma tarefa importante, pois o docente pode deixar de lado formas valiosas de criação e produção que talvez não tenha considerado em sua trajetória professoral e, que também pode lhe abrir caminho para projetos de escritura que talvez não tenha considerado para a sua futura carreira. No caso da pesquisa em educação, por exemplo, são concebidas outras formas de produção como a sistematização de experiências ou a pesquisa na sala de aula, que são estudos reflexivos com lógicas particulares (Bisquerra e Alzina, 2004).

Reconhecer este tipo de produtos pode ser útil para orientar projetos de pesquisa e sua posterior escritura. Como enfatizamos, é impossível imaginar um portfólio sem a estreita conexão de evidências e a reflexão sobre estas. Deixar de lado a reflexão para dar lugar somente a um listado de documentos anexos, ou em vez disso, fazer reflexões generalizadas sem sustentá-las com provas, é tudo menos um portfólio sobre o trabalho acadêmico. Na seção referente à produção acadêmica é necessário refletir sobre a trajetória e a agenda de pesquisa desenvolvida (ou a ser desenvolvida) pelo professor que apresenta seu portfólio.

A seguir, apresentamos as orientações feitas por Seldin e Miller (2009) a esse respeito; se trata de perguntas muito precisas que requerem uma linguagem direta e clara. Como apontamos, para o caso da filosofia docente – e ainda que pareça uma contradição por ser uma seção sobre pesquisa especializada – a simplicidade na linguagem é vital, por isso a redação deve permitir que qualquer pessoa alheia à disciplina compreenda o seu trabalho de pesquisa. Aconselhamos evitar o uso de jargão que dificulte entender o propósito e o alcance da pesquisa realizada.

Cabe relembrar que esta seção mostra a importância e a qualidade da pesquisa do docente, além de como ela sustenta a missão do departamento/faculdade. Seldin e Miller (2009) sugerem um texto de aproximadamente duas páginas, que se refira à natureza da pesquisa que se realiza, que enfatize o *propósito* e o *foco* da pesquisa, para o que estas perguntas podem ser úteis:

- Como você explicaria a sua pesquisa a alguém que sabe muito pouco da sua disciplina?
- Quais são seus métodos? Seus resultados?
- Quais são os seus objetivos de pesquisa a curto e a longo prazo?
- Por que a sua pesquisa é significativa?
- Qual é o seu impacto em sua disciplina? Qual é o seu impacto sobre seus colegas de departamento/faculdade? E em seus alunos?

No que se refere ao tipo de evidência nesta seção, Seldin e Miller (2009) propõem alguns exemplos que a seguir listamos, não sem antes recordar que se trata de um conjunto de exemplos que não são exaustivos nem estão situados na realidade institucional e cultural de cada docente que pretenda reunir este tipo de prova:

- Testemunhos e comentários de colegas em seu próprio campo de pesquisa.
- Amostra selecionada de livros e outro tipo de publicações.
- Bolsas de estudo e outros tipos de financiamento obtido.

- Nomeações em comitês editoriais e membresias em comunidades ou sociedades internacionais.
- Seleção de conferências, exibições e outro tipo de apresentações realizadas nos âmbitos nacionais e internacionais.
- Orientação, supervisão e aconselhamentos a alunos de qualquer nível acadêmico universitário.

Neste ponto devemos fazer um esclarecimento sobre a orientação das teses dos alunos. A literatura de modo geral reconhece que esta produção deveria ser relatada nesta seção, pois fala da produção de conhecimento acompanhada pelo professor. Em efeito, referindo-se a teses de pós-graduação, mais ainda, a teses doutorais acompanhadas, faz todo sentido que apareçam aqui, já que são contribuições para um campo disciplinar procedentes da pesquisa. Entretanto, consideramos que existe uma possibilidade, que é uma variação a esta postura, e que acreditamos ser importante deixá-la como uma opção para indivíduos e instituições.

A orientação de tese e os respectivos documentos que finalmente são catalogados, digitalizados e hospedados em repositórios dos sistemas de bibliotecas são produto de um acompanhamento de *formação* em pesquisa. Nesse sentido, consideramos que a seção "Docência" é o lugar mais apropriado para alojar o acompanhamento de orientação da tese, e por sua vez os documentos da tese já publicados (ou pelo menos a referência de onde estão hospedados) seriam a melhor evidência a esse respeito. Isto, uma vez mais, porque consideramos que a orientação da tese é principalmente um processo formativo que implica um esforço considerável de acompanhamento em qualquer nível que seja (graduação, especialização, mestrado ou doutorado) e, portanto, deve ser avaliado como tal.

Em vários contextos universitários, no âmbito institucional ou no de unidades acadêmicas, a orientação da tese é algo que não se reconhece nem se valoriza dentro do trabalho acadêmico. Seja como "Docência", ou como forma de "Produção acadêmica", consideramos necessário que ela seja credenciada e avaliada como parte do desempenho de um professor em sua trajetória profissional.

Serviço

Esta seção se refere a todas as atividades realizadas pelo professor tanto dentro da universidade quanto fora dela. Em efeito, nos referimos a uma forma de aplicar o conhecimento especializado, não somente na forma de consultorias, mas também na forma de trabalho comunitário. Esta atividade é a que mais se relaciona com o trabalho acadêmico de aplicação referido por Boyer (1990) em sua revisão ampliada deste conceito *(scholarship of application)*. Do mesmo modo, o serviço pode ser entendido em muitas instituições universitárias como o exercício de atividades de liderança e gestão que apontam para o crescimento da unidade acadêmica e, de modo geral, para a instituição onde o professor exerce seu trabalho.

Seja qual for a sua denominação, a seguir nos referimos a este componente que faz parte das tarefas de um professor titular e que muitas vezes o diferencia dos professores que trabalham meio período ou como horistas. Sobre isso, Seldin e Miller (2009) indicam que virtualmente cada instituição universitária reconhece que algum tipo de serviço institucional faz parte da responsabilidade de um membro da comunidade universitária. Geralmente, o principal indicador de serviço institucional é a sua participação em comitês ou em equipes de trabalho, podendo ser da instituição universitária ou da unidade acadêmica à que pertença (centro, departamento ou faculdade).

Inspirados no trabalho de acompanhamento a professores universitários para elaborar esta seção, elaboramos algumas perguntas que podem ser úteis para tornar mais clara sua preparação. Um referente destacado que tomamos é o do Estatuto Docente da Universidade de los Andes; é importante que cada professor verifique o modo em que sua instituição define este componente de serviço e como pode chegar a avaliá-lo (no quarto capítulo avançaremos em uma proposta de sua avaliação).

É possível diferenciar dois conjuntos de perguntas que podem servir para esta seção. As tarefas de desenvolvimento institucional ou de serviço são concebidas como ações internas – referentes à liderança e à gestão de atividades para o desenvolvimento de uma unidade acadêmica ou da universidade – ou ações externas – referentes a trabalhos de consultoria, projetos de intervenção social, relação com o setor público ou privado, entre outros.

Ações internas de serviço:

- Em quais comitês você participou *voluntariamente*? Por que você escolheu esses espaços?
- Como foi a sua liderança e gestão em áreas *estratégicas* para o desenvolvimento de sua unidade?

Nestas ações de tipo interno destacamos o termo *voluntário* porque vários espaços de reunião são obrigatórios, pelo que carece de sentido que o autor de um portfólio destaque aquilo que lhe corresponde dentro de suas responsabilidades. Consideramos que a reflexão deve girar em torno dos espaços escolhidos e nos quais de certo modo se desempenhou. Isto pode objetar-se na medida em que um docente escolha não estar em um ou outro comitê, e ainda assim ter um desempenho de sucesso, que produto de sua gestão contribua para o crescimento institucional. Daí que também destaquemos o termo *estratégico*, pois independentemente de que tenha sido uma opção própria ou não, se trata de refletir sobre que tanta relevância e impacto causou a sua participação nesses espaços institucionais.

Ações externas de serviço:

- Qual foi o *critério* usado para vincular-se a grupos, redes ou organizações externas?
- Quais desses vínculos deixaram *produtos* ou *experiências* sobre os quais valha a pena refletir (não somente documentar)?

No caso das tarefas externas à instituição, destacamos as razões dadas pelo docente para juntar-se a certos grupos, redes ou organizações; isto é, que reflita sobre o critério usado para conectar-se com essas instâncias. Por sua vez, é interessante não somente que ele diga por que se uniu a elas, mas também que torne explícitos os efeitos dessa vinculação. De novo, é interessante que seja uma reflexão e não simplesmente um listado de organizações ou de títulos de documentos, porque o que se quer mostrar é a contribuição do professor para uma comunidade mais ampla, ou seja, o modo como consegue vincular a sua instituição com a sociedade e o tipo de responsabilidade social que pode estar na base de suas ações como acadêmico.

Integração reflexiva sobre as responsabilidades professorais

Até aqui demonstramos como o trabalho acadêmico é uma montagem de elementos heterogêneos que configuram práticas de docência, produção de conhecimento especializado e atividades de liderança e gestão para o desenvolvimento institucional e comunitário. Ao fazê-lo, mostramos que cada uma destas responsabilidades é o suficientemente complexa como para merecer uma seção onde se reflita, a partir de evidências de desempenho, sobre cada um destes âmbitos de ação. Porém, corremos o risco de mostrar o portfólio como uma *collage* de elementos desarticulados que não se relacionam entre si. Precisamente uma das críticas feitas ao portfólio é que ele pode cair na lógica de separar as facetas que irremediavelmente estão conectadas; de fato, a literatura diz que estas "sobreposições" entre uma faceta e outra o que faz é promover a qualidade do trabalho acadêmico (a pesquisa que qualifica as práticas de docência, ou o trabalho de intervenção e consultoria que adquire mais impacto ao ver-se nutrido pela experiência gerada pela pesquisa especializada) (Colbeck, 2002). Portanto, uma última seção com a qual deveríamos finalizar o portfólio é aquela que integre as três responsabilidades, mostrando articulação entre elas.

Do acompanhamento a docentes universitários que constroem seu portfólio fica claro que elaborar esta seção é todo um desafio. O primeiro e talvez o mais importante que nos mostra a experiência de acompanhamento é que os professores *sênior*, aqueles que se aproximam a uma posição de professores titulares ou experimentados, acham mais natural esta integração. Em efeito, uma longa trajetória como docentes universitários lhes permite refletir sobre o modo em que sua docência está articulada com a sua agenda investigativa e por sua vez esta última alimenta seus cursos, seminários e demais atividades de formação. Igualmente, vimos como esta mesma experiência lhes permitiu liderar projetos institucionais – que não somente se reduzem a reformas curriculares –, mas que também lhes permitiu participar em atividades que transcendem a sua unidade acadêmica (portanto, sua própria disciplina); isto lhes permitiu elaborar propostas que impactam a formação de alunos e professores.

O exposto não significa que um professor *júnior* não possa referir-se à integração das três responsabilidades sob sua chefia, porém talvez seja mais lógico escrever esta seção em termos normativos ou ideais, isto é, como uma proposta do que *poderia vir a ser* a integração a médio e longo prazo em sua futura trajetória, sob o entendimento de que se trata de um portfólio que descreve um processo de desenvolvimento profissional. As seguintes perguntas, adaptadas de Seldin e Miller (2009) e situadas no trabalho com docentes em nosso contexto, podem orientar a escritura desta seção:

- Em quais aspectos/dimensões do portfólio faz-se evidente a integração entre docência, produção e serviço?
- Como a sua docência pode se refletir e se comunicar com sua produção acadêmica?
- Como a sua pesquisa pode se refletir e se comunicar com suas atividades de desenvolvimento institucional?
- Como sua docência pode refletir e comunicar-se com suas atividades de desenvolvimento institucional?

A figura 2 sintetiza a estrutura que teria o portfólio exatamente como foi descrito nesta seção. Como insistimos ao longo deste livro, não é desejável padronizar a docência e muito menos o trabalho acadêmico no seu conjunto. Esta proposta deve ser concebida como uma base que poderia – e teria de – adaptar-se a cada contexto, de acordo com as necessidades do professor, com o propósito e a audiência que defina, bem como à realidade institucional em que se enquadra sua prática profissional.

Garantia de qualidade do portfólio

Para finalizar este capítulo, é importante recordar que o portfólio mostra o mérito, a diversidade, a história e a complexidade do trabalho de um professor (Stake e Conzuelo-Serrato, 2010). Portanto, buscamos destacar a complexidade do trabalho acadêmico a partir de um documento que mostre o mérito em cada uma das três responsabilidades, a diversidade de evidências que o sustentam, a trajetória percorrida, bem como o esforço de se dirigir para um trabalho de excelência. Para atingir este objetivo, finalizamos este capítulo identificando os aspectos-chave que garantem a qualidade a partir do ponto de vista do autor de um portfólio. Este enfoque de autocontrole e verificação permite ter uma visão crítica que prepara o caminho para que o leitor potencial esteja sempre presente e possa avançar rumo a uma direção clara.

Figura 2. **Estrutura desagregada do portfólio acadêmico por cada seção**

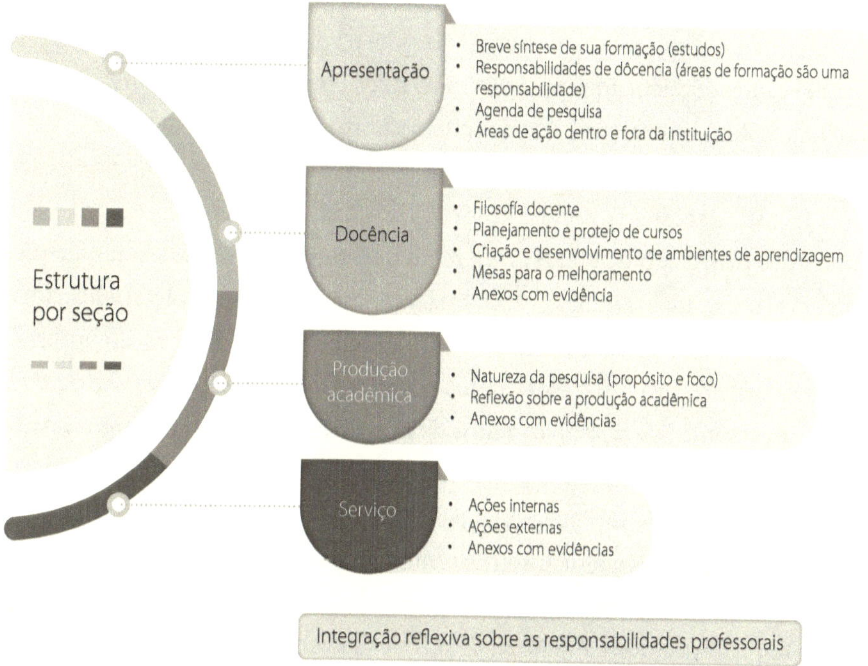

Fonte: elaboração própria.

Organizar a evidência

Consideramos uma verdadeira arte fazer bom uso da evidência tida para cada seção. Um professor pode ter razões muito boas para ser promovido, mas talvez ignore o potencial que possa ter a sua trajetória alavancando processos de formação ou desmereça as ações de liderança dentro de sua instituição. Portanto, diferentes tipos de materiais devem ser adequadamente selecionados e apropriadamente usados. Uma sugestão antes de iniciar a escritura de seu portfólio, e como forma de preparar o caminho, é ter organizado o material que pensa utilizar. Para isso, recomendamos ter uma pasta que guarde evidência classificada (programas de curso, avaliações de alunos, provas da aprendizagem de alunos, registros de observações de aulas, vídeos ou imagens, etc.), material que será consolidado conforme ele trabalhe em seu portfólio.

Dissemos que o trabalho acadêmico está composto por uma diversidade de elementos expressados como documentos, arquivos de Office (PPT, Excel), vídeos, imagens, etc. Então é útil diferenciar não somente o tipo de formato, mas também o lugar de procedência desse material. Se bem no primeiro capítulo nos referimos à importância da evidência para a construção de um portfólio de docência e acadêmico, aqui nos referimos mais concretamente sobre a importância de coletá-la, organizá-la e de refletir sobre ela.

Para começar, devemos reconhecer que o que chamamos *evidência* é algo que não está necessariamente "lá fora", esperando ser encontrado, mas que muitas das provas do trabalho acadêmico devem ser construídas ou pelo menos ser reconhecidas quando já existem. Para ambos os casos vale a pena considerar o que Seldin e Miller (2009) denominam "materiais de fabricação própria". Isto se refere aos produtos elaborados por um professor e podem ser de fácil acesso (programas de curso, formatos de avaliação, amostras de artigos de autoria própria, documentos institucionais de sua autoria como reformas ou revisões curriculares de um programa acadêmico, etc.). Outros materiais podem ser elaborados por terceiros e se referem a conceitos, opiniões informadas ou críticas construtivas sobre o trabalho acadêmico.

Existem, entretanto, evidências de que podem chegar a ser "construídas", no seguinte sentido: um professor inicia a construção de seu portfólio, porém percebe que as práticas de sua docência carecem de bom sustento. Isto é, somente têm os resultados das enquetes realizadas por sua instituição e por programas de cursos (*syllabus*). Diante desta situação, e sabendo que durante anos exerceu uma muito boa docência da qual poderia existir outro tipo de informação que o apoie, decide iniciar um exercício de observação de suas aulas, pedindo a um colega que realize um conjunto de registros.[12] Adicional a isso poderia coletar

---

[12] Outras duas estratégias poderiam ser gravações de vídeos de suas aulas com algum critério de seleção, ou acudir a um centro de apoio à aprendizagem, ao ensino e à docência, cada vez mais comuns no contexto universitário mundial.

todos os materiais didáticos que construiu por anos (casos de estudo de autoria própria, guias de *workshops* de aula, documentos de planejamento de cursos, entre outros); ou também poderia resgatar correios eletrônicos de alunos graduados do programa acadêmico que lhe escreveram dando algum reconhecimento pelo seu esforço na docência. O seguinte é um exemplo real, anônimo, porém com autorização da aluna graduada de pós-graduação, que escreveu o seguinte correio:

> Falta apenas um dia para a cerimônia de formatura, e não quero deixar passar a oportunidade para agradecer e reconhecer o teu compromisso e o trabalho que nos deixas. Os dois anos que durou o mestrado foram muito difíceis para mim, porém estar estudando foi a minha tábua de salvação, tinha de me concentrar no que fazia para não cair na tristeza e na incerteza produzida pela separação pois minha meta era finalizar dentro do tempo estabelecido e com bons resultados o desafio que assumi. Que afortunadas ao contar com tua assessoria no trabalho de tese onde sempre mantiveste um alto nível de exigência. Recordo uma reunião na qual nos fizeste um forte chamado de atenção porque fizemos somente o que havias pedido, e não pensamos que podíamos avançar mais, ficamos assombradas, porém aprendemos, e daí pra frente não nos deixamos surpreender. Muito obrigado por ser um Mestre, aprendi mais de ti do que de tantos outros docentes que tive, se nota o gosto no que fazes, inovas em tuas aulas, transmites alegria e não somente aprendemos, mas nos divertimos e até houve tempo para compartilhar um montão de doces no encerramento da disciplina. Que rápido passou o tempo! (Comunicação pessoal, 2018)

Como podemos ver com este exemplo, construir evidência nada mais é do que reconhecer o rastro da informação que vai deixando marca no trabalho acadêmico, porém que também pode esfumar-se com o passar do tempo a não ser que exista uma estratégia que a torne visível. O professor que ainda não conta com suficientes provas não deve angustiar-se, pois se trata de tomar-se o tempo para reconhecer essa heterogeneidade de atividades, produtos e relações construídas dentro e fora da academia. Retomando a Seldin e Miller (2009) e Seldin *et al.* (2010), o seguinte esquema reúne os melhores tipos e exemplos de evidência para cada uma das seções (figura 3).

Figura 3. **Tipos de evidência de acordo com cada responsabilidade acadêmica**

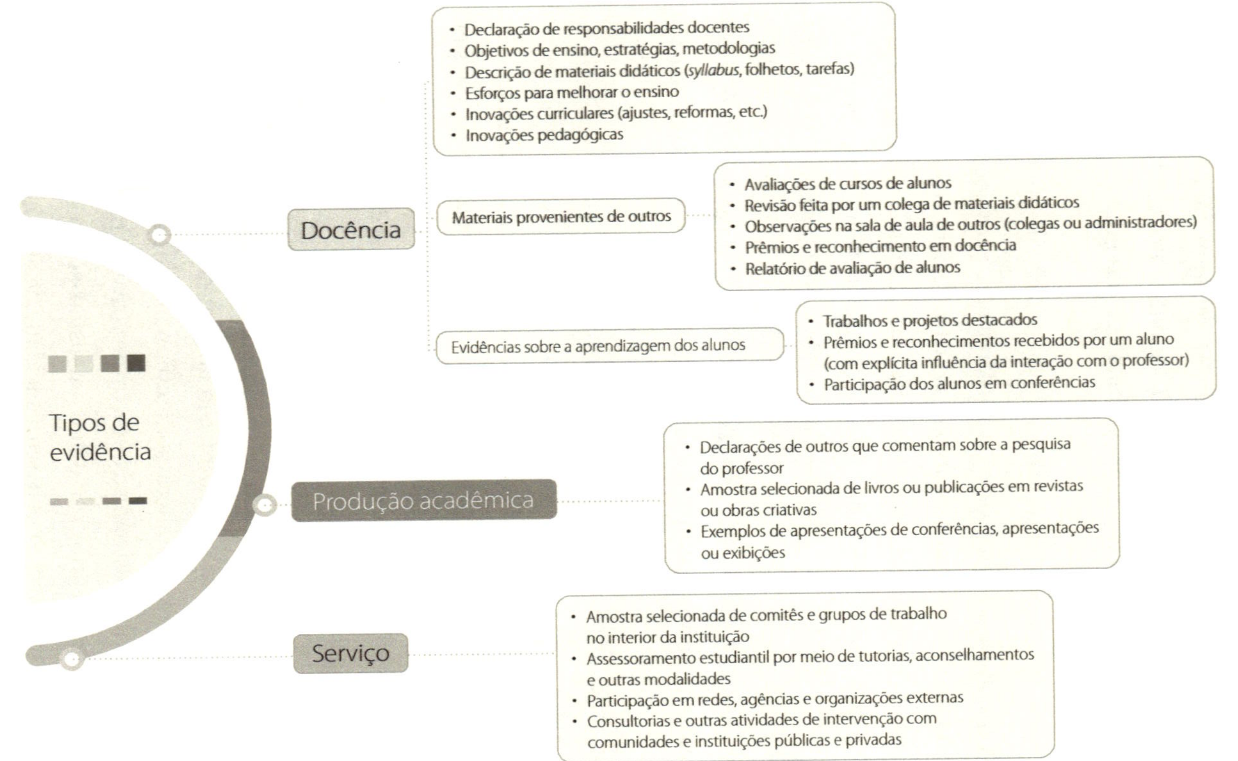

Fonte: elaboração própria com base em Seldin (2009).

O que significa refletir sobre a evidência?

Schön (1998) baseia seu trabalho na ideia de que os profissionais não desenvolvem seu trabalho de maneira técnica nem acatam um manual teórico e tampouco seguem rigorosamente um guia com instruções que lhes indique passo a passo o que, como ou por que devem realizar uma ação. Para Schön, a reflexão é uma forma de conhecimento que, ao ser analisada, orienta a ação. Desta maneira, o conhecimento teórico se constrói com a experiência do professor e sua prática, para estar a serviço do trabalho docente e dar relevância ao pensamento prático, elemento com o qual este autor desenvolve o conceito de *profissional reflexivo*. Em palavras de Perrenoud (2004), um praticante reflexivo é capaz de refletir na ação e sobre a ação porque reconhece e valoriza sua experiência, competências e conhecimentos.

No âmbito educativo, Brookfield (1995) propõe uma estratégia exploratória composta por quatro visões críticas para refletir sobre a prática:

(1) uma visão autobiográfica; (2) uma visão a partir do ponto de vista dos alunos; (3) uma visão a partir do ponto de vista dos colegas, e (4) uma visão a partir do ponto de vista da literatura. Estes quatro elementos, individualmente, esclarecem particularidades e permitem identificar em cada um fortalezas e debilidades. Conjuntamente, reconhecemos estes pressupostos para assim empreender um novo caminho crítico reflexivo.

Sob uma visão autobiográfica fazemos uma reflexão que visibiliza os pressupostos paradigmáticos e de raciocínio sob os quais se desenvolve a própria prática. Ao conhecê-los reconhecemos sua validez e precisão (*accuracy*).

A visão dos alunos permite que o professor se veja tal como eles o veem para que possa entender conscientemente as ações que se desenvolvem a partir da prática. A partir desta reflexão emergem os supostos que confirmam e desafiam as relações de poder e de hierarquia que podem surgir na sala de aula. Conhecer estes supostos permite verificar se os alunos constroem significados a partir da prática.

Quando se convida os colegas a compartilhar em espaços tradicionalmente herméticos e individuais, surgem conversações críticas onde aspectos normalizados ou ocultos da prática surgem como relevantes. Estes diálogos reconhecem o trabalho do professor e são referentes para as situações cotidianas, além de propiciar a mudança de perspectiva a partir da qual se observa a prática.

Finalmente, a literatura cumpre um papel de apoio na compreensão de aspectos do exercício docente que não têm respostas claras a partir da experiência. Desta forma, situações relevantes para a prática adquirem significados; porém, se deve evitar um bloqueio à reflexão ao buscar adequar-se a referentes externos a partir de um conhecimento especializado.

Pesquisadores do Cooperative for Teaching and Learning (CNM)[13] adaptaram as quatro visões de Brookfield (1995) e incluíram algumas atividades que podem ser levadas em conta. Para propósitos deste livro na tabela 6 sintetizamos os elementos propostos por Brookfield e adicionamos umas perguntas para orientar a reflexão, incorporando as atividades do CNM partindo de alguns tipos de evidência.

Tabela 6. **Elementos para a reflexão a partir da evidência**

Visão	Definição	Perguntas	Exemplos de Evidência
Autobiografia	Reconhecer elementos da prática para o fortalecimento, a transformação e o melhoramento.	• Como você desenvolveu sua docência? • Quais elementos possibilitam o desenvolvimento adequado da prática? • Quais impossibilitam o desenvolvimento adequado da sua prática? • Como você gostaria que fosse a sua prática? • O que você mudaria na sua prática?	• Filosofia do ensino e da aprendizagem (embebida em um portfólio). • Gravações de aulas (áudio e vídeo). • Registros de docência (caderno de registro). • Monitoramento e outros sistemas de acompanhamento da prática docente.
Ponto de vista dos alunos	Compreender as suas experiências para gerar e fortalecer ambientes de aprendizagem.	• Como faço a avaliação dos meus alunos? • Quais são as percepções dos meus alunos dentro e fora da sala de aula?	• Avaliações formais (institucionais). • Avaliação na sala de aula. • Grupos focais de alunos e entrevistas. • Cartas de alunos. • Enquete de incidentes críticos.

(Continua)

---

[13] Veja https://www.cnm.edu/depts/ctl/documents/the-4-lenses-of-reflective-practice-in-teaching.pdf

Visão	Definição	Perguntas	Exemplos de Evidência
Ponto de vista dos colegas	Identificar, através do outro, fortalezas, debilidades e possibilidades de solução a situações problemáticas da cotidianidade.	• Como me veem meus pares? • Quais são os elementos que eles destacam da minha prática? • Quais elementos acham que podem ser fortalecidos?	• Observação entre pares. • Comunidades de aprendizagem. • Solução colaborativa de problemas. • Conversações críticas estruturadas.
Ponto de vista a partir da literatura especializada	Compreender e reconhecer outras formas de ensino.		• Pesquisa sobre a docência. • Conferências e *workshops*. • Publicação em revistas.

Fonte: elaboração própria com base em Brookfield (1995).

Adicional a essas orientações para a reflexão sobre a prática docente, nos referimos agora de uma forma muito mais generalizada a um conjunto de estratégias e recomendações que consideramos ser fundamentais para que o autor de um portfólio acadêmico possa tirar o máximo proveito de toda a evidência que tenha ao seu alcance. Novamente nos inspiramos na obra de Seldin (2010), porém as adaptamos a um trabalho direto com professores acompanhados:

Explique a evidência. Qualquer material que referencie e hospede em seu portfólio deveria servir para sustentar suas afirmações. É tradição que um professor apresente uma pasta física de arquivo com montões de documentos que dão um relato indiscriminado dos programas dos cursos, avaliações de alunos, cartas de colegas e artigos em revistas indexadas, todos sem uma apresentação ou articulação. A ideia é que seu portfólio mostre evidência de acordo com a tradição dos advogados que litigam: se trata de provas que devem ser contundentes, escolhidas deliberadamente para mostrar que existe um bom desempenho em cada dimensão. A tentação é querer mostrar tudo o que foi feito ao longo dos anos de carreira professoral, porém não se trata disto, mas sim de fazer uma escolha inteligente, com critério, que seja suscetível de ser comentada. Um professor de música nos mostrava em seu portfólio nove exemplos do *podcast* que realizava com seus alunos; a respeito disso, conversando sobre este material, percebemos que algumas dessas composições se referiam a muito bons exemplos de seu acompanhamento como docente, outras eram composições de não muito boa qualidade que ilustravam o tipo de problemas que os alunos podiam enfrentar desenvolvendo certas competências musicais, e outras podiam ser catalogadas como desempenho médio. Em suma, estes nove *podcasts* mereciam uma diferenciação e uma reflexão a respeito de tudo o que o professor podia afirmar sobre a sua prática docente.

Forneça informação específica e ao mesmo tempo esquematize-a. Seguindo a mesma linha anterior, o portfólio pode dar muita informação que possivelmente confunda o leitor. Como afirma Seldin (2009, 2010), quando se refira ao desempenho de seus alunos não faça afirmações genéricas do tipo "meus alunos aprendem muito" ou "a grande maioria se entretém em minhas aulas". Se trata de brindar informação específica que revele evidências de aprendizagem, porcentagem de desempenho entre uma linha de base e outra final ou provas com testemunhos que possam demonstrar uma atitude favorável que vai além da percepção bem pessoal do docente. Ao mesmo tempo, é importante recordar que não pretendemos enfrentar o leitor a uma lista complicada de todos e cada um dos cursos, artigos, projetos e demais atividades realizadas; por isso é adequado usar tabelas, gráficos com histogramas e todas as estratégias visuais que esquematizem, resumam e tornem mais fácil fazer uma ideia geral do desempenho em cada uma das três responsabilidades institucionais.

Assuma sempre uma visão autocrítica. Uma das críticas centrais aos portfólios é que são somente uma fachada ou a "cara bonita" que se quer mostrar do trabalho docente ou acadêmico. Esta é uma das principais razões que fazem com que seja recusado como estratégia em muitos contextos universitários. Uma forma de cuidar a qualidade, dando validez às afirmações que se fazem sobre o trabalho acadêmico, consiste em manter uma visão crítica sobre o que se faz. Este não é um aspecto fácil de acatar porque sempre existirá a tentação de mostrar o que se faz em termos de esforço, conquista e acerto, e quando se trata de um portfólio de desempenho ou de ordenamento professoral dificilmente haverá a pretensão de mostrar razões para que receba uma avaliação final negativa, e tampouco terá a intenção de que sua promoção seja negada. Para neutralizar este efeito, se deve buscar não apenas expressar opiniões sobre os aspectos que devem ser melhorados (as falhas propriamente), mas também se pode tentar destacar afirmações positivas (não generalizar o êxito em todos os cursos, por exemplo) e ao mesmo tempo triangular a informação. Pretendemos com isto que, diante de uma evidência de certo tipo de fonte, se busquem outras possíveis fontes de informação: ao apresentar minha produção de artigos como de qualidade muito alta, devo mostrar as críticas que lhe foram feitas pelos mesmos pares avaliadores de outras revistas ou por colegas da minha mesma área de especialidade. Qualquer que seja esta triangulação com outras fontes, deve em todo caso acentuar afirmações de êxito e contar com uma visão autocrítica. Com isso conseguimos mostrar que é possível melhorar em vários aspectos, que somos conscientes dos acertos e desacertos e, igualmente, é um modo de "desarmar" os leitores que estão acostumados a ser críticos diante de posicionamentos que negam o erro; em outras palavras, é uma forma de prever a crítica e mostrar honestamente que é possível reconhecê-la e trabalhar a partir dela.

Dê protagonismo à voz dos alunos. Desde o início enfatizamos que não acreditamos em um único insumo ou fonte de informação para avaliar o trabalho acadêmico. Nossa crítica sobre a enquete institucional feita pelos alunos é porque ela não pode ser a única fonte para emitir conceitos sobre o trabalho de um professor, ainda mais quando faça referência a uma única responsabilidade e quando seja emitida a partir de um único ponto de vista. Assim dizendo, é essencial que um portfólio, principalmente na seção "Docência", faça "falar os alunos". Como mencionamos na seção sobre tipos de evidência, não se trata somente do que falam nas enquetes sobre os nossos cursos; também é necessário incluir os desempenhos dos alunos, isto é, o que eles aprendem e como demonstram que o aprenderam. Este tipo de evidência deve mostrar que existem outras vozes em nosso portfólio – atendendo à consideração que fizemos sobre a visão crítica – e que não negamos aqueles aspectos que podemos melhorar. Destacamos os alunos, pois eles são o centro do processo formativo e, no caso da produção acadêmica e das atividades de desenvolvimento institucional, eles também podem ter algo a dizer, bem como colegas especialistas em nosso campo e outros atores sociais que possam dizer algo (positivo e negativo) sobre o nosso trabalho.

Busque um mentor. A literatura sugere que um professor que realize seu portfólio deveria contar com um mentor dentro da sua unidade acadêmica, isto é, um colega com o qual possua uma relação de confiança e que possa revisar o portfólio em sua versão final. Este colega poderia revisar versões parciais para dar uma retroalimentação, mas achamos que esse trabalho demanda tempo, por isso é conveniente pedir este tipo de favores no momento apropriado. Se for viável que este colega – por sua antiguidade ou status – participe em um dos comitês que mencionamos (avaliação do desempenho, ordenamento professoral, entre outros), terá assim uma visão muito mais ajustada aos critérios e às formas de avaliação em sua unidade acadêmica em relação com as três facetas do trabalho acadêmico.

Para finalizar, queremos propor um formato bastante conciso que seja útil ao docente que realiza seu portfólio, de modo que possa verificar se considerou todas aquelas recomendações que lhe foram dadas ao longo deste capítulo. É preciso enfatizar que não se trata de uma camisa de força, pois é viável que tanto os professores quanto as instituições às que pertencem adaptem esta estrutura e os requisitos mínimos requeridos. No seguinte capítulo sugerimos uns critérios de avaliação por cada uma das facetas do trabalho acadêmico e damos ferramentas aos comitês responsáveis. Esta lista de verificação cumpre a função concreta de fazer com que o professor reflita tendo como base uma boa evidência e se preparando para mostrar todo o seu trabalho acadêmico, sem deixar de lado tudo aquilo que pode ser avaliado de acordo com o propósito levado em conta para fazer seu portfólio (tabela 7).

Tabela 7. **Formato de autoverificação do portfólio**

Dimensão	Perguntas	Sim	Não
Apresentação	Sua apresentação evidencia – de modo integral e panorâmico – as diferentes facetas de sua trajetória na universidade? Mostra as áreas nas quais se destacou ou teve mais protagonismo? Apresenta seu portfólio e como você o estrutura?		
Filosofia docente	Menciona pelo menos um princípio/crença sobre o ensino e sobre a aprendizagem? Em ambos os casos você menciona pelo menos um exemplo de sua ação (concreta) em ambientes de aprendizagem?		
Planejamento e *design* de cursos	Faz afirmações sobre os objetivos/competências que formulou ou ajudou a construir em cursos, áreas ou programas de formação? Tem a evidência correspondente?		

(Continua)

Dimensão	Perguntas	Sim	Não
	Faz afirmações sobre os recursos ou materiais educacionais que construiu ou ajudou a construir em cursos, áreas ou programas de formação? Tem a evidência correspondente? Faz afirmações com respeito às estratégias de avaliação que desenhou ou ajudou a projetar em cursos, áreas ou programas de formação? Tem a evidência correspondente?		
Criação e desenvolvimento de ambientes de aprendizagem	Descreve com exemplos concretos as formas em que se desenvolvem seus cursos? Possui a evidência correspondente? Permite que seus alunos participem nessa descrição? Mostra exemplos concretos da aprendizagem dos alunos?		
Metas de melhoramento	Identifica pelo menos uma área ou aspecto da sua docência que poderia melhorar? Menciona para cada área ou aspecto algum tipo de apoio da sua faculdade ou departamento? Propõe metas claras, concretas e com uma janela de tempo específica?		
Produção acadêmica	Como você explicaria a sua pesquisa para uma pessoa que sabe bem pouco sobre a sua disciplina? Deixa claro quais são as suas metas? Seus métodos? Seus resultados? Deixa claro por que sua pesquisa é significativa? Deixa claro o impacto que causa em sua disciplina? Em seus colegas de departamento? Em seus alunos? Deixa claro quais são os seus objetivos de pesquisa a curto e longo prazo?		
Serviço	Menciona as razões que o levaram a se envolver nos comitês/delegações em que participou ou liderou? Menciona a importância dessa participação para o desenvolvimento da instituição ou de seus princípios missionais? Menciona qual foi o critério para você se vincular aos grupos, redes ou organizações externas? Menciona a relevância desses vínculos em termos de impacto (social, de desenvolvimento, entre outros)?		

Fonte: elaboração própria.

Capítulo 4. Como avaliar um portfólio acadêmico? Orientações para comitês de avaliação

Neste ponto professores e unidades acadêmicas entendem perfeitamente o que é o portfólio acadêmico, o que esperar dele e como projetá-lo. O que talvez seja mais crítico e onde esta estratégia costuma falhar para a avaliação do professorado, é a lucidez que as instituições educativas – particularmente os comitês de avaliação – tenham sobre o que devem fazer e a partir de quais parâmetros podem realizar seu trabalho.

Neste capítulo mantemos uma tese central relacionada aos portfólios acadêmicos: eles são *ferramentas para a deliberação*. Noutras palavras, nos afastamos de uma cultura da avaliação que assume que a função desta última é a de medir, para dali exercer funções de controle e vigilância. Nós acreditamos, pelo contrário, que o trabalho dos comitês deve estar enfocado em um exercício de avaliação, percebido como um julgamento de valor[14] emitido sobre um desempenho, como produto de ter informação suficientemente organizada. Então, para expressar tal julgamento é preciso contar também com um conjunto

---

[14] Para entender isto, faz-se necessário apelar às nuances que a língua inglesa geralmente dá aos três termos que devem ser diferenciados: *measurement, assessment* e *evaluation*. Por *measurement* entendemos propriamente a ação de, por meio de escalas, medir como objetivo central, ou de uma forma mais técnica, se trata de designar números a atributos ou características. Por *assessment* entendemos todo o conjunto de estratégias para coletar a informação que permita fazer uma avaliação informada; essa informação levará à tomada de decisões, porém não implica necessariamente a medição. Por último, *evaluation* se refere ao exercício de emitir opiniões de valor sobre alguém de maneira informada, graças à coleta prévia de informação (Nitko e Brookhart, 2004). O que propomos neste capítulo é que a função dos comitês deveria estar enfocada em avaliar, atendendo este último termo.

de critérios de avaliação que sejam suficientemente claros sobre o trabalho acadêmico.

Avaliar o trabalho acadêmico não é uma tarefa fácil, pois se trata de avaliar uma prática complexa, heterogênea quanto à diversidade de elementos que a compõem, que não se esgota em uma lista de verificação (certamente é isto o que se costuma a fazer na maioria das instituições).

Como talvez já o intua o leitor, este capítulo está estreitamente relacionado com o segundo, pois ambos se referem às condições organizacionais para executar a estratégia do portfólio. Porém, neste capítulo descrevíamos o que uma instituição ou unidade acadêmica deveria fazer para preparar-se e criar condições para que seus professores iniciem o *design* de portfólios; em vez disso, este capítulo, se concentrará na etapa posterior ao referido *design*, isto é, quando os professores tenham seu portfólio projetado e pretendam receber uma avaliação a esse respeito. Portanto, se no segundo capítulo falávamos de mecanismos, este último se refere aos critérios de avaliação.

Iniciamos considerando que os comitês de avaliação dos portfólios devem estar preparados para receber estes complexos artefatos, que denominamos portfólios acadêmicos. Nossa tese principal é que se os referidos comitês não estão qualificados para realizar esse trabalho, perderá sentido todo o esforço que os professores investem em sua elaboração, do mesmo modo que a avaliação do trabalho acadêmico em seu conjunto.

Por *critérios de avaliação* nos referimos ao conjunto de marcos de referência a partir dos quais se constroem os aspectos ou dimensões que se consideram indispensáveis para emitir um parecer sobre o desempenho de um professor, em cada uma das três dimensões do trabalho acadêmico. Como já foi sugerido desde o primeiro capítulo deste livro, se pode entender o critério como uma propriedade característica de algo que permite estimar sua qualidade, classificar e tomar decisões (encaminhamos o leitor à tabela 1, na p. 6, na qual se descreve detalhadamente este modelo de avaliação docente baseado em critérios de Stake *et al.*, 2011). Cabe recordar que etimologicamente o termo "critério" (do Latim tardio *criterium*) faz referência tanto à norma para conhecer a verdade de algo quanto ao parecer ou discernimento que se emite sobre essa coisa. Precisamente nos interessa resgatar essa primeira acepção, uma vez que o critério estabelece um parâmetro a partir do qual se pode avaliar as práticas e os produtos do trabalho acadêmico, com o fim de emitir opiniões que poderão ser formativas ou somativas dependendo do caso.

A avaliação integral como princípio orientador da avaliação

Se bem cada instituição educacional deve contar com a autonomia para definir estes mecanismos e critérios, o que propomos é uma possível rota que, como no caso do projeto de um portfólio proposto no terceiro capítulo, deveria servir para inspirar, adaptar e redesenhar em função das necessidades e do contexto institucional. Esta mesma adaptação se deve fazer no aspecto disciplinar, pois cada unidade acadêmica tem umas lógicas que devem ser consideradas dentro de uma instituição universitária. Devemos ter em mente que ao referir-nos a critérios falamos de marcos de referência que dão a orientação para fazer uma avaliação; portanto, é importante citar um princípio que deve estar na base de um comitê que pretende avaliar portfólios de docência e acadêmicos.

O referido princípio é a *avaliação integral do trabalho acadêmico*. Com isto pretendemos afiançar a necessidade de uma avaliação do trabalho acadêmico que seja balanceada e equitativa, que não valorize somente uma parte do trabalho feito pelo professor. Isto acontece porque se reconhece ou se dá valor, por exemplo, à produção acadêmica acima da docência e do serviço, ou porque ele nem sequer é considerado, ou ainda porque a evidência que se pede ao professor não considera suficientemente as três responsabilidades de maneira transparente.

Este princípio de avaliação integral assume então que o portfólio deve tornar visível o trabalho acadêmico usando a maior quantidade de fontes de informação possível para a tomada de decisões. A esse respeito, pode ser útil o enfoque que propõem Norcini *et al.* (2018) no contexto da avaliação de programas educacionais, ao conceber a avaliação a partir de quatro estados ou modelos: um onde não se dispõe de nenhuma ferramenta para avaliar; outro que usa uma única perspectiva (em nosso caso a enquete de alunos, por exemplo); um terceiro que se bem usa múltiplas ferramentas tem o problema de enfocar-se em aspectos diferentes sem poder emitir uma avaliação integrada do trabalho acadêmico e, finalmente, um sistema de avaliação que além de usar múltiplos instrumentos dirige seu olhar para um aspecto central sobre o qual todas as múltiplas perspectivas ajudam e lhe dão consistência. É precisamente este último modelo que nos interessa propor quando avaliamos o trabalho acadêmico. Se bem acreditamos que falar de um sistema de avaliação é um trabalho muito complexo e ambicioso que implica reorganizar os processos de gestão de informação em uma instituição educacional, nossa aposta neste livro é considerar o portfólio acadêmico como a melhor estratégia para ter uma visão integral do trabalho feito pelos professores universitários.

Se relembramos a noção ampliada que Boyer (1990) conseguiu defender do trabalho acadêmico em suas múltiplas formas, este princípio de avaliação integral está em harmonia com essa forma de compreendê-lo e de valorizá-lo. Ao problematizar o conceito de *scholarship* entendido como um ato de inteligência ou de criação (onde a docência e a pesquisa estão envolvidos), Shulman (1999) afirma que pelo menos três características devem ser parte desta: deve ser uma atividade pública, suscetível de revisão e de avaliação crítica, e acessível para a troca e o uso de outros membros da comunidade acadêmica. Nos interessa envolver também as atividades de serviço como parte deste todo que é o trabalho do professor universitário.

Critérios para a formação dos comitês

Nos referimos a comitês em plural, uma vez que existem pelo menos dois grandes tipos de avaliação do trabalho acadêmico nas instituições universitárias. Por um lado, a avaliação do desempenho pelo mesmo professor, que faz parte de suas funções contratuais e que deve ser revisada periodicamente. Por outro lado, a avaliação com fins de ordenamento que se enquadra no desenvolvimento professoral e garante sua promoção e permanência dentro de uma comunidade educacional a longo prazo.

No mínimo, cada unidade deveria tomar-se o tempo para verificar a composição de cada um destes grupos de trabalho, uma vez que isso garante que os critérios enunciados mais adiante adquiram sentido e sejam apropriados para atingir o objetivo para o qual é chamado cada comitê. Somente pretendemos mencionar aqueles mínimos que devem caracterizar sua composição como etapa prévia à apropriação de critérios de avaliação do trabalho acadêmico.

Comitê responsável pela avaliação do desempenho. Além do reitor ou do diretor da unidade e dos outros membros que o regulamento interno estipule, deveria estar composto pelo menos por um professor *sênior* que tenha a possibilidade de fazer um acompanhamento ao portfólio do professor avaliado em relação aos aspectos de melhoramento identificados. Esta ideia de avaliar o melhoramento a partir de um conjunto de aspectos identificados deveria ser a base sobre a qual opere este comitê – que bem pode variar de períodos anuais a trianuais – e que permita ao professor receber retroalimentação sobre o seu desempenho em aspectos concretos. Neste comitê poderia participar o mentor identificado na etapa de alistamento da unidade acadêmica (ver segundo capítulo) e cuja função é a de acompanhar o professor avaliado na revisão do portfólio em construção. Esta decisão dependerá da unidade, ao considerar que este mentor se manteve perto do processo de elaboração do portfólio e talvez possa ocupar um lugar relevante ou, ao contrário, deva ficar de fora.

Comitê para o ordenamento professoral. Cada instituição universitária deve definir a composição deste tipo de comitê em função do contexto particular. Além do reitor ou diretor da unidade e de outros membros estipulados no regulamento interno, é importante considerar o papel de dois membros: nos referimos, por um lado, ao professor *sênior* de quem já falamos (de preferência o mesmo que foi selecionado para fazer o acompanhamento ao desempenho) e, por outro lado, a um professor convidado externo. Sobre o primeiro papel – algumas instituições preferem ter pelo menos dois destes professores – se trata de acadêmicos cuja trajetória esteja próxima da área disciplinar do professor avaliado. Isto não é fácil em unidades que são pequenas, porém deveria garantir que ao julgar o trabalho acadêmico em suas três responsabilidades contem com o critério suficiente para fazê-lo com base em sua própria experiência.

Em relação com o convidado externo, este pode vir de outra unidade acadêmica e inclusive de outra instituição universitária. No estudo realizado descobrimos que este papel poderia catalisar espaços muito bons de deliberação e contribuir significativamente para o processo de avaliação, porém em outros casos também identificamos uma tensão referida aos convidados que ao invés disso geravam lógicas de poder ou um desvio inadequado na avaliação. Entre as razões que detectamos como fatores de tensão, soubemos que estes convidados vinham de uma disciplina diferente (algumas instituições consideram que isto possa ser útil para ter uma visão externa, inclusive de outra tradição acadêmica), ou que eram professores inclusive da mesma disciplina que vinham de uma cultura organizacional diferente, com formas de conceber o trabalho acadêmico que distava muito do contexto para o qual foram convidados ao exercer o papel de avaliadores.

Nós acreditamos que tanto o professor *sênior* que faz parte da unidade quanto o professor convidado têm um papel central que não pode ser atribuído arbitrariamente. O primeiro deveria estar próximo à visão declarada sobre o trabalho acadêmico (ver segundo capítulo) para analisar a contribuição à unidade, enquanto o segundo, como professor convidado, deverá assumir uma visão crítica, porém igualmente construtiva sobre o trabalho do professor ao julgar o impacto que o seu o trabalho pode causar externamente (tarefas de serviço externo, divulgação ou incidência de sua produção, entre outros aspectos).

Em ambos os comitês o portfólio desempenha um papel central pois permite conhecer a trajetória e o mérito provindos da evidência que cada membro deve julgar ao desempenhar sua função. É importantíssimo abrir uma janela de tempo de um mês pelo menos para que essas equipes formadas possam verificar o portfólio e emitir um conceito prévio que deveria ser apresentado por escrito. Este primeiro conceito permite ter ao alcance um balanço sobre as impressões individuais do portfólio recebido e cria as condições para que a deliberação se faça sobre aspectos que podem ser problemáticos ou que precisem ser verificados com maior cuidado.

Em primeiro lugar, o que se quer evitar é que se formem comitês cujos membros não tenham a suficiente trajetória para emitir conceitos sobre um trabalho acadêmico em particular. Tampouco se deve promover a visão parcializada dirigida a uma certa forma de produção de conhecimento ou de conceber uma docência que esteja longe da visão declarada pela unidade. Do mesmo modo, se deve evitar que os comitês estejam compostos por membros que não tenham as condições para verificar a tempo o portfólio, pois este terá sido elaborado com grande esforço por um professor e é apenas justo que os membros que o avaliem levem muito a sério a sua leitura responsável e detalhada.

Critérios para avaliar o trabalho acadêmico

O que oferecemos a seguir é um conjunto geral de critérios para que uma unidade acadêmica possa dirigir o trabalho dos comitês que avaliam o trabalho acadêmico realizado por seu corpo docente. A aposta neste capítulo não é propor variáveis, indicadores nem escalas de medição, pois achamos que não é esta a tarefa central do comitê de avaliação,[15] sua tarefa é deliberar sobre o referido trabalho a partir de um artefato tão complexo como o portfólio, que deveria proporcionar informação o suficientemente organizada e baseada em evidência para poder emitir juízos sobre o desempenho do professor. Na revisão de literatura especializada que se refere à avaliação do trabalho acadêmico cabe recordar o trabalho de Glassick *et al.* (1997), que surge como uma proposta a partir do trabalho de Boyer na década de noventa.

Destacamos o trabalho de Glassick e seus colegas porque propõe seis padrões para a avaliação do trabalho acadêmico, os quais descrevemos na tabela 8.

Tabela 8. **Padrões de avaliação do trabalho acadêmico**[16]

Padrão	Perguntas-Guias
Objetivos claros	• O propósito de seu trabalho é explicado de forma clara? • Os objetivos que estabelece são realistas e alcançáveis? • Identifica questões importantes para o seu campo?
Preparação adequada	• Apresenta uma compreensão do saber especialista existente em seu campo? • Possui as habilidades necessárias para seu trabalho? • Reúne os recursos necessários para alavancar seus projetos?
Métodos apropriados	• Utiliza os métodos apropriados para seus objetivos? • Aplica eficazmente esses métodos? • Modifica os procedimentos em resposta às mudanças?

(Continua)

---

[15] Esta tarefa corresponde precisamente às delegações às quais nos referimos no segundo capítulo: grupos de professores que podem fazer este trabalho especializado e localizado em sua própria disciplina, para que as referidas escalas de medição e avaliação, bem como os indicadores de acompanhamento, respondam à lógica e às necessidades em sua disciplina. Encontramos vários exemplos em nosso estudo, que afirmam que com bom planejamento e condições organizacionais, é possível fazer um trabalho sério e rigoroso sobre a avaliação professoral.

[16] Tradução livre dos autores.

Padrão	Perguntas-Guias
Resultados significativos	• Atinge seus objetivos? • Incorpora o seu trabalho ao campo de forma coerente? • Seu trabalho abre áreas adicionais que permitem uma exploração maior?
Apresentação eficaz	• Para apresentar seu trabalho você utiliza um estilo adequado e o organiza eficazmente? • Comunica seu trabalho ao público interessado por meio de fóruns adequados? • Apresenta o seu trabalho com clareza e integridade?
Crítica reflexiva	• Avalia criticamente o seu próprio trabalho? • Apresenta evidências apropriadas para fazer sua crítica? • Utiliza a avaliação para melhorar o trabalho futuro?

Fonte: elaboração própria com base em Glassick *et al.* (1997).

Cabe recordar que estes critérios foram propostos por Glassick e sua equipe como uma forma de responder ao problema deixado por Boyer: se devemos ampliar a noção de trabalho acadêmico além do descobrimento (*scholarship of discovery*), então é necessário gerar referentes de qualidade para os outros tipos (trabalho acadêmico de ensino, de integração e de aplicação). Um problema que ainda não foi solucionado na literatura especializada é o de transcender ou levar mais longe estes seis padrões, pois precisamente a complexidade de cada um destes tipos de trabalho acadêmico induziriam a pensar critérios mais precisos e não tão gerais como estes seis padrões.

A seguir, diferenciamos para cada responsabilidade possíveis critérios, compreendendo por tais o conjunto de marcos mais relevantes que identificamos tanto na literatura quanto no trabalho empírico que nos fez analisar as tensões enfrentadas por várias unidades acadêmicas no momento de avaliar o trabalho acadêmico. Como dissemos desde o segundo capítulo, a documentação é a base sobre a qual os comitês podem conduzir o seu trabalho pois daí podem operar os critérios que enunciamos a seguir. Para exemplificar: somente se a unidade tiver dentro de sua documentação tabelas de avaliação de produtos de conhecimento ou se foram definidas atividades de trabalho com comunidades que possam ser mais bem valorizadas que outras ações externas, ficará mais fácil o exercício da deliberação sobre o que se pode considerar como um nível de desempenho baixo, médio ou alto. Novamente, não se trata de usar métricas para todos os desempenhos, se trata de saber claramente o que uma unidade acadêmica juga ser essencial em um professor em cada uma de suas responsabilidades.

Critérios para a avaliação da docência

Que a docência seja uma prioridade institucional, que faça parte da declaração de princípios formativos em termos, por exemplo, de "excelência docente" ou de "qualidade docente", supõe que na instituição universitária se realizem esforços para consegui-lo e, portanto, por mostrar que isso ocorra nas práticas docentes. Avaliar a docência não é uma tarefa fácil para nenhum comitê em qualquer parte do mundo. Como propõem Stake e Cisneros-Cohernour (2000), mais de quarenta anos de avaliação da docência deram cabida a ideias enviesadas e simplistas como a de reduzir esse exercício a uma lista de verificação, a uma série de características de personalidade ou de estilos de docência que no extremo podem tomar a forma de uma rubrica.

Quando nesta seção nos referimos a critérios para avaliar a docência não queremos cair nessa obliquidade proposta por estes autores, como se tratasse de assumir uma forma padronizada e homogeneizante que reduz a mencionada prática a um conjunto de deveres ou boas práticas. Insistimos em que a função do portfólio é ser uma ferramenta para deliberar, por isso deveria oferecer suficiente informação a um comitê para revelar o exercício docente de quem o elabora. Se reconhecemos então que uma avaliação da docência deve ser localizada e sensível ao contexto em que se desenvolve, o portfólio deve contribuir para esta visão de conjunto onde mostra não apenas um indivíduo, mas também o lugar onde ele desenvolve sua prática docente.

De modo geral, a literatura especializada identificou alguns propósitos que são essenciais quando se avalia a docência, que deveriam fazer parte da missão de todo comitê que embarca nessa tarefa. Dentro desses propósitos está oferecer informação sobre (1) o mérito da docência e o que ela deveria fazer para melhorar; (2) dar insumos para selecionar o pessoal mais qualificado para realizar tarefas de docência, e (3) dar insumos para o desenvolvimento e a formação permanente dos professores avaliados (Stake e Cisneros-Cohernour, 2000).

Embora desde o primeiro capítulo tenhamos mencionado os principais fundamentos da boa docência a partir da literatura especializada, retomamos aqui quatro dimensões que deveriam centrar a visão dos comitês que têm a tarefa de emitir opiniões informadas sobre o trabalho acadêmico relacionado à docência, os quais estão alinhados com a estrutura que propusemos para o portfólio de docência no terceiro capítulo.

Estas dimensões se referem concretamente à qualidade dos produtos obtidos (por exemplo, que gerem aprendizagem[17]), porém também se refere a criar condições para que possa ocorrer essa aprendizagem (Murphy *et al.* 2009; Felten, 2013; Fenstermacher e Richardson, 2005). Caso o leitor queira ampliar a informação sobre cada uma destas dimensões, pode ir então às respectivas seções onde as desenvolvemos nos capítulos primeiro e terceiro (figura 4).

Figura 4. **Critérios para avaliar a docência**

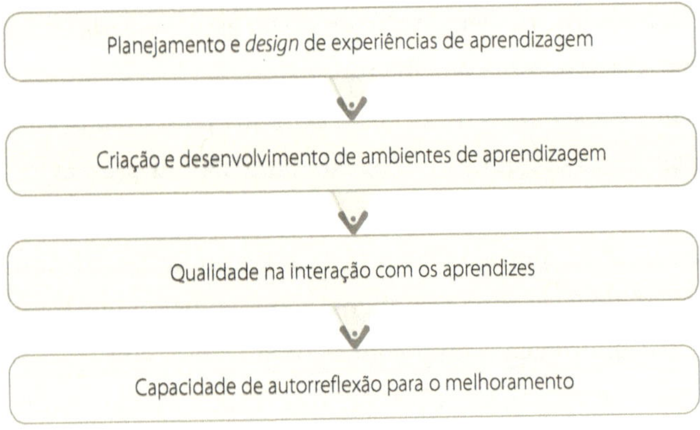

Fonte: elaboração própria com base nos diferentes marcos da boa docência universitária.

Insistimos, novamente, em que estas quatro dimensões não são uma lista de verificação (características, estilos ou deveres do bom docente), ainda que partam do reconhecimento do que a literatura contemporânea foi identificando dentro do marco da boa docência universitária.

---

[17]　Cabe recordar que, para Scriven (1967), a melhor maneira de avaliar a docência é centrando a atenção nos resultados da aprendizagem, isto é, avaliar os professores deveria estar centrado no que seus alunos aprenderam.

Critérios para a avaliação da produção do conhecimento

Sobre a noção tradicional do trabalho acadêmico (Boyer, 1990; Clark e Andrews, 2014; Elmendorf, 2006; Lubbe, 2015), sabemos que esta é a função mais clara e consensuada sobre o que se espera que um professor universitário realize dentro de suas tarefas de pesquisa. Porém, dizer isto não resolve temas que podem ser conflitivos e que podem originar disputas internas em uma unidade acadêmica no que se refere à avaliação dos produtos de conhecimento. Por isso, os critérios com os quais se avaliam esta responsabilidade deveriam ajudar a resolver as diferenças e a estabelecer regras claras em relação com o(s) campo(s) disciplinar(es) de onde se produz conhecimento.

Critério de produtividade. Se refere não somente à quantidade, mas também à relevância da citada produção para o campo do conhecimento especializado. É inevitável que uma unidade acadêmica seja pressionada por ter um corpo professoral que demonstre um certo índice de produtividade, uma vez que este é um parâmetro de acompanhamento à gestão que geralmente se relaciona com a consecução de recursos econômicos. Em todo o caso, a quantidade de produtos de conhecimento não pode deixar de lado uma discussão concernente à relevância do conhecimento produzido, inclusive dentro da disciplina.

Critério de comunicabilidade. Se refere à capacidade de socialização do conhecimento produzido, que pode ser de difusão ou divulgação: quando o conhecimento se difunde se pretende que seja para um grupo de pares expertos, um público especializado e qualificado no mesmo campo investigativo; quando se divulga, o conhecimento se disponibiliza ao público interessado no campo temático de interesse, sem ser especializado. Sobre a forma de comunicar, ao difundir conhecimento buscamos avaliar e validar os trabalhos e inovações e, portanto, impactar a academia, a sociedade e quando corresponda, a indústria; o contrário sucede com a divulgação, porque o conhecimento tem uma função social, ou seja, estabelece relações com a comunidade em geral para que os resultados das pesquisas sejam relevantes em um determinado contexto (Ramírez *et al.*, 2012).

A respeito deste critério, é importante retomar seriamente a noção de *scholarship of integration* que abordamos no primeiro capítulo. Para Boyer não se trata somente do trabalho interdisciplinar que busca ir além dos limites de um campo especializado, mas também é sobre o esforço de um professor universitário por escrever para não especialistas: "To make complex ideas understandable to a large audience can be a difficult, demanding task, one that requires not only a deep and thorough knowledge of one's field, but keen literary skills, as well"[18] (Boyer, 1990, p. 35).

Critérios para a avaliação das atividades de serviço

Ao longo deste livro afirmamos que a responsabilidade que está menos documentada e estudada é a que está relacionada com as tarefas de serviço. Também desagregamos o serviço prestado dentro da instituição educativa daquele serviço que um docente presta fora da instituição, e que se relaciona com atividades de consultoria e serviço social, entre outras. Achamos que neste aspecto é necessária uma análise mais profunda, para identificar aquilo que se quer avaliar e o modo em que podemos reconhecer o esforço de um professor para desempenhar-se dentro da sua instituição e fora dela.

No início, comentamos a pressão que a universidade enfrenta, em parte devido às transformações que vêm ocorrendo fora dela. Portanto, acreditamos que é necessário considerar o trabalho de Gibbons (1998), que estuda as mudanças da universidade contemporânea, qual deveria ser o aspecto central ao abordar os critérios que se referem tanto às tarefas de pesquisa do professor quanto às de serviço externo à instituição. Particularmente, achamos relevante o trabalho deste autor, pois reconhece que a forma em que se produz e divulga o conhecimento já não pode mais ser uma atividade isolada das universidades. Reconhece duas modalidades de produção de conhecimento: a Modalidade 1 é aquela onde se estrutura, de maneira clássica, uma disciplina para produzir conhecimento especializado; a Modalidade 2 será aquela onde, para gerar valor, a produção de conhecimento envolverá interação com diversos atores fora da academia. Esta última modalidade tem atributos fundamentais para os propósitos desta seção sobre os critérios de avaliação do

---

[18] "Fazer com que as ideias complexas se tornem compreensíveis para um grande público pode ser uma tarefa difícil e demandante, que exige um conhecimento profundo e completo do próprio campo disciplinar, além de agudas habilidades literárias" (tradução livre dos autores).

trabalho acadêmico: (1) conhecimento produzido no contexto de aplicação; (2) caráter interdisciplinar; (3) maior responsabilidade social, e (4) um sistema de controle de qualidade mais amplo e nem por isso menos rigoroso. Gibbons não diz que um modelo seja melhor do que outro, porém afirma que a universidade deve assumir a coexistência de ambos os modelos.

Um dos testemunhos mais reveladores no estudo de caso comparado foi o de um professor e coordenador com um nível *sênior* em sua carreira professoral, que questionava a lógica segundo a qual uma universidade contrata a um professor para que se desempenhe nas três responsabilidades com o mesmo nível de excelência. O que objetava, principalmente, é que quando se seleciona a um professor para que faça parte de uma unidade acadêmica, se busca que ele possa se desempenhar como um docente de excelência, e também que sua trajetória e seu perfil como investigador sejam destacados e que consiga altos índices de produção de conhecimento especializado. Porém, não costuma ser uma regra que um dos principais critérios de seleção sejam as destrezas na gestão administrativa (haver dirigido um programa acadêmico, por exemplo) ou ter experiência na busca de projetos e na consecução de recursos econômicos. Não ignoramos que muitas instituições agora podem incluir dentro de seus critérios de contratação a perícia em consecução de recursos e a capacidade de gestão, porém achamos razoável esta crítica, pois certamente estas são habilidades que somente são alcançadas com o passar do tempo e como parte do desenvolvimento dentro de uma instituição, que geralmente não se espera que estejam dentro do que usualmente se denomina como trabalho acadêmico.

Com esta crítica razoável em mente, contudo reconhecendo em qualquer caso a importância deste trabalho de serviço para as instituições educativas, o comitê de avaliação teria de fazer uma avaliação desta responsabilidade pelo menos a partir de quatro critérios, que dividimos entre um âmbito externo e um interno.

No âmbito externo:

- *Critério de aplicabilidade.* Retomando a acepção de trabalho acadêmico aplicado de Boyer (1990) (*scholarship of application*), este critério se refere ao grau em que o professor é capaz de usar o conhecimento para aplicá-lo em contextos externos ao âmbito acadêmico e causar algum grau de impacto. Esse impacto pode não ser uma questão de medição, que em si é difícil de determinar em termos causais, porém é necessário avaliar a partir deste critério o esforço de um professor por levar o conhecimento especializado a outros públicos e contextos com o fim de atender as problemáticas sociais.[19]

- *Critério de pertinência.* Este critério se relaciona com a aposta feita pela universidade na sua relação com o entorno. Isto pode variar muito de uma instituição para outra, daí que algumas façam a diferença entre o âmbito interno e externo, entendendo que um professor deve interagir não só externamente e impactar positivamente a partir de sua disciplina, mas que também lhe corresponde fazer crescer e posicionar a sua instituição. Algumas outras costumam dar mais protagonismo ao âmbito externo – a partir de um marco de responsabilidade e função social da universidade contemporânea –, o que implicaria que na avaliação do trabalho acadêmico este deveria ser um aspecto a ser destacado. Como é evidente, aqui nos referimos à Modalidade 2 de Gibbons, que pergunta às instituições universitárias que tão pertinente é o seu desempenho em relação ao conhecimento que produz.

No âmbito interno (institucional):

- *Critério de desenvolvimento progressivo.* Em termos de um desenvolvimento profissional, é melhor que um professor em sua etapa inicial não realize atividades de serviço interno ou externo. Isto pode ser

---

[19] Recentemente na Universidad de los Andes foi desenvolvido um conjunto de indicadores da docência e da pesquisa, organizados por tipos de impacto. A criação destas tipologias permitiu identificar formas diferentes das formas tradicionais de medição de produção em revistas acadêmicas, e em seu lugar problematizou o conceito de impacto como um constructo suscetível de ser refletido em outras formas para benefício da sociedade. Dentro dos tipos de impacto estão: (1) impacto acadêmico diferente à publicação; (2) impacto em decisões públicas; (3) impacto em decisões de empresas e fundações privadas; (4) impacto na formação dos profissionais que se destacam; (5) impacto na cultura, os imaginários e a sociedade em geral, e (6) impacto derivado da pesquisa ação participativa e pesquisa com a comunidade. Vale a pena mencionar que explicitamente o documento menciona que "Estes impactos serão levados em consideração no ordenamento professoral como parte do eixo de desenvolvimento institucional externo" (Universidad de los Andes, 2019, p. 2).

questionável e de fato isso acontece. O que apuramos é que inclusive desde o início de sua formação, os professores mais jovens se envolvem em atividades de gestão e liderança que lhes permitem aprender sobre sua instituição e sobre o entorno mais extenso onde sua disciplina pode gerar impacto social. Contudo, consideramos que este critério de imersão progressiva faz sentido, por um lado, para que o professor possa contar com tempo suficiente para desenvolver as competências docentes que só a experiência pode lhe proporcionar;[20] por outro lado, para que ele disponha de tempo para garantir que sua agenda investigativa se desenvolva e para adquirir a destreza para produzir no nicho ao qual pertence. Isto leva tempo, não se executa completamente logo após o doutorado e é preciso adquirir competências que são obtidas por meio do desenvolvimento progressivo.

- *Critério de equilíbrio.* Complementando o exposto, a unidade acadêmica que avalie um professor deve então assumir que, ao exigir um relatório de seu desempenho nas três responsabilidades (quer dizer, se decide omitir o critério mencionado mais acima), terá de verificar a carga de dedicação para que lhe seja possível desempenhar-se em cada uma delas, o que é um princípio básico nas avaliações de desempenho em educação (Nitko e Brookhart, 2004). Da mesma forma, é importante considerar casos especiais de professores que após um tempo adquirem responsabilidades de desenvolvimento institucional, como no caso da direção de um programa acadêmico, de um centro ou de uma unidade de apoio institucional. Além de nossos casos analisados, é comum ouvir diversas histórias sobre professores que se queixam da carga tão alta de trabalho que implica assumir este tipo de cargos e ao *mesmo tempo* ser responsável pela docência e pela pesquisa. Muitas universidades podem

---

[20] Existe uma discussão muito forte em torno dos recém graduados em programas doutorais que chegam a ensinar. Como sabemos, é possível dominar uma disciplina sem necessidade de saber como ensiná-la. Noutras palavras, uma formação doutoral pode fazer com que um professor seja um especialista em um campo disciplinar, porém isso não garante que ele possa ensinar da melhor maneira (claro que existem programas doutorais que obrigam a exercer umas horas de docência como parte da formação, porém isto nem sempre é regra). A universidade deveria garantir as condições mínimas para incentivar estas competências.

realmente fazer descargas de tempo nestas últimas duas funções, porém a longo prazo; em um processo de avaliação de desempenho ou ordenamento os comitês costumam omitir o efeito que estas designações têm ao julgar a qualidade e quantidade de docência ou o número de produções em pesquisa.

Figura 5. **Critérios de avaliação do trabalho acadêmico**

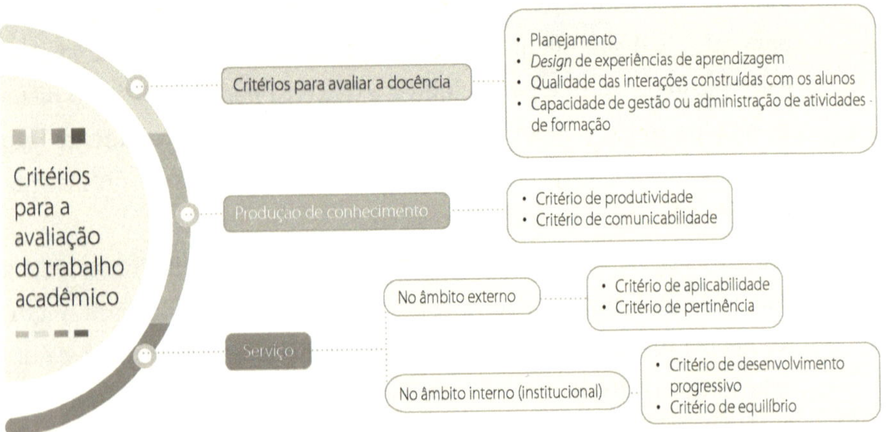

Fonte: elaboração própria.

A figura 5 sintetiza os critérios descritos ao longo deste capítulo.

Antes afirmamos que a literatura especializada não conseguiu avançar muito em relação às formas de avaliar os diferentes tipos de trabalho acadêmico, por isso propusemos estes critérios. Porém, é importante destacar que na revisão sistemática desta literatura foi a área da saúde – especialmente a formação médica e de enfermagem – a que por meio de pesquisas situadas conseguiu avançar nos critérios para avaliar o trabalho acadêmico de integração (*scholarship of integration*) e o de aplicação (*scholarship of application*). Para o leitor ou comitê interessado, na parte final deste capítulo anexamos uma tabela que sintetiza a proposta de Hofmeyer *et al.* (2007) para avaliar o trabalho acadêmico de integração e de aplicação, e também o tipo de considerações para os comitês de avaliação (anexo 1). Vale a pena mencionar que Hofmeyer e seus colegas se referem ao uso do portfólio como via privilegiada para registrar estes dois tipos de trabalho acadêmico; neste livro apostamos por integrar em um único portfólio, o acadêmico, os diferentes tipos de *scholarship*.

Talvez seja necessário terminar esta seção apelando a uma ideia central que aparece na literatura contemporânea sobre a avaliação do professorado (Bakker, 1995; Clark, 1997).

É comum criticar mecanismos como os relatórios de desempenho anual de cada professor, e inclusive os próprios portfólios, têm uma obliquidade: fragmentar tanto a identidade quanto a avaliação que se faz de um professor. Isto é, se costuma relatar as facetas como a docência, a pesquisa ou o serviço, como entidades separadas que devem ser avaliadas independentemente. A propósito da avaliação integral da que falamos no início deste capítulo, e para evitar este viés à fragmentação, os comitês devem esmerar-se por identificar de que maneira uma faceta alimenta e qualifica as outras, em vez de interferir ou de ser uma carga adicional. Como afirma Krahenbuhl (1998, citado em Colbeck, 2002):

As faculty respond to requests to document how their activities and products contribute to multiple institutional goals, they are likely to find more creative ways to bring their research into the classroom, involve students in cutting-edge research, apply their research to community problems, and teach and learn from community members. A climate that encourages integration of teaching, research, and service is fundamental to the soundness of universities, and it provides for the best use of faculty resources, the effectiveness of the profession, and full benefits to students and other beneficiaries of college and university work.[21] (p. 51)

---

[21] "Na medida em que o professorado deva responder ao requerimento de documentar como suas atividades e produtos contribuem para múltiplas metas institucionais, estarão propensos a encontrar formas mais criativas para vincular sua pesquisa à docência, envolver seus alunos em pesquisa de ponta, aplicar sua pesquisa a problemas comunitários, além de ensinar e aprender dos membros da sua comunidade. Um clima que propicie a articulação da docência, da pesquisa e do serviço é fundamental para promover a solidez das universidades, e da mesma forma proporciona o melhor uso de recursos para o professorado, a eficácia da profissão e benefícios suficientes para os alunos e outros beneficiários da instituição" (tradução livre dos autores).

Repensar e aprimorar o trabalho acadêmico

O que foi descrito até aqui é um conjunto de critérios para que os comitês de avaliação disponham de marcos de referência, pois como insistimos desde o início deste capítulo, não pretendemos oferecer escalas de medição nem rubricas, tampouco listas de verificação que predeterminem formas de medir a docência, a produção de conhecimento ou as atividades de serviço. Achamos que esta tarefa específica corresponde a cada unidade acadêmica prévia ao trabalho de documentar muito bem cada tipo de responsabilidade em seu contexto institucional.

Igualmente, falamos de critérios em termos de marcos de referência uma vez que é algo que se torna mais pertinente no momento de identificar e fundamentar esses critérios. Por exemplo, no caso da docência nos baseamos na literatura sobre a qualidade da docência universitária, que atingiu consensos já reconhecidos dentro e fora da academia. Do mesmo modo, a noção ampliada de trabalho acadêmico de Boyer (1990) nos permitiu entender que o trabalho de aplicar o conhecimento em contextos não acadêmicos constitui um esforço que é preciso ser avaliado com o mesmo peso com o qual se avalia a docência ou a pesquisa especializada. Por outro lado, as duas modalidades que propõe Gibbons nos serviram para formular a questão a respeito do grau de pertinência que pode ter o conhecimento produzido a partir da academia em contato com as comunidades e a sociedade em geral.

No âmbito institucional, estas diretrizes se transformam em um chamado para que as universidades clarifiquem seus propósitos de missão, repensando criativamente a sua visão sobre o trabalho acadêmico. Isto significa fortalecer a ideia de diversidade no talento existente no corpo professoral. Aproveitá-lo ao máximo significa reconhecer que se conta com esse talento, incentivando seu desenvolvimento profissional, respeitando a ênfase e o interesse de cada professor e criando incentivos apropriados que o potenciam atendendo ao mesmo tempo às necessidades – cada vez mais fortes – do contexto local e regional. Mostramos ao longo deste livro que o trabalho acadêmico é uma prática complexa, isto é, uma montagem de elementos heterogêneos onde se articulam práticas de docência, produção de conhecimento especializado e atividades de liderança, gestão e aplicação de conhecimentos para resolver problemas sociais. Ao mesmo tempo, demostramos que o portfólio resulta ser uma via privilegiada para tornar visível o mérito, a diversidade, a história e a complexidade do trabalho de um professor (Stake e Conzuelo-Serrato, 2010). Se revisamos a concepção ampliada de Boyer sobre o trabalho acadêmico e continuamos o seu legado é para levar muito a sério o trabalho feito por um professor universitário a partir da sua própria avaliação. Neste ponto, as unidades acadêmicas, e inclusive as instituições universitárias, podem encontrar no portfólio uma das melhores estratégias para garantir a qualidade e promover a excelência educacional.

Anexo 1. Tipos de evidência para avaliar o trabalho acadêmico de (1) integração e (2) de aplicação e considerações para os comitês de avaliação

Tipo de trabalho acadêmico (*scholarship*)	Tipos de evidências para sua avaliação	Considerações para avaliadores
Trabalho acadêmico de integração (*scholarship of integration*)	Publicações acadêmicas escritas para públicos "não especializados" nas quais demonstra a capacidade analítica e literária de traduzir a complexidade do *scholarship* em mensagens acessíveis e relevantes. Seu trabalho demonstra uma clara compreensão das disciplinas envolvidas onde se definiram aspectos importantes e apresentaram ideias criativas. O essencial de seu trabalho foi apresentado e isto pode ser avaliado pelas respostas dadas pelos não especialistas sobre o seu trabalho.	• A criatividade e a qualidade das atividades de integração e aplicação apresentadas. • O grau de impacto dessas atividades para a profissão (é considerado mais importante do que a quantidade de atividades e conquistas).
Trabalho acadêmico de aplicação (*scholarship of integration*)	Identifica exemplos de atividades acadêmicas aplicadas e o desenvolvimento de métodos integrais para a apresentação de relatórios. As atividades estão diretamente relacionadas com sua experiência como acadêmico. Definiu os objetivos do projeto, planejou adequadamente os procedimentos e as ações foram registradas cuidadosamente. É valorizado pelas comunidades. Os produtos são divulgados na comunidade. Mantém um compromisso com a comunidade.	• As atividades são vigentes e sustentáveis. • As contribuições e atividades são relevantes para as instituições. • As atividades suscitaram uma mudança que tem a ver com a política, a tomada de decisões organizacionais ou com a prática clínica.

(Continua)

Tipo de trabalho académico (*scholarship*)	Tipos de evidências para sua avaliação	Considerações para avaliadores
	O trabalho deve responder aos problemas e necessidades definidos pela comunidade para o seu melhoramento.	

Fonte: elaboração própria com base em Hofmeyer *et al.* (2007).

Referências

Adcroft, A. e Lockwood, A. (2010). Enhancing the scholarship of teaching and learning: an organic approach. *Teaching in Higher Education, 15*(5), 479-491. https://doi.org/1 0.1080/13562517.2010.491901

Adkins, B. (2009). PhD pedagogy and the changing knowledge landscapes of universities. *Higher Education Research & Development, 28*(2), 165-177. https://doi. org/10.1080/07294360902725041

Alcoba, J. (2013). Organización de los métodos de enseñanza en función de las finalidades educativas: El alineamiento curricular en Educación Superior. *Profesorado, 17*(3), 241-255.

Allen, K. E. (2002). The Purpose of Scholarship: Redefining Meaning for Student Affairs. The Purpose of Scholarship. *NASPA Journal, 39*(2), 147-157. https://doi. org/10.2202/1949-6605.1167

Antonio, A. L. (2002). Faculty of Color Reconsidered. Reassessing Contributions to Scholarship. *The Journal of Higher Education, 73*(5), 582-602. https://doi.org/10.1080/002 21546.2002.11777169

Arbesú García, M. I. e Díaz-Barriga, F. (2013). Introducción. En *Portafolio docente. Fundamentos, modelos y experiencias* (pp. 15-29). Díaz de Santos.

Arbesú García, M. I. e Martínez Gutiérrez, E. (2013). El portafolio en un contexto universitario: una experiencia de reflexión y autoevaluación docente. *Revista de Formación e Innovación Educativa Universitaria, 6*(2), 88-108.

Bacheler, M. (2015). Professional Development of Continuing Higher Education Unit Leaders: A Need for a Competency-Based Approach. *The Journal of Continuing Higher Education, 63*(3), 152-164. https://doi.org/10.1080/07377363.2015.1085799

Bain, K. (2004). *What the Best College Teachers Do.* Harvard University Press.

Bakker, G. (1995, 17 de março). Using "pedagogical-impact statements" to make teaching and research symbiotic activities. *The Chronicle of Higher Education*, B3.

Bartett, H. (2000). Electronic teaching portfolios: Multimedia skills+ portfolio development= powerful professional development. Em *Society for Information Technology & Teacher Education International Conference*, 1111-1116. Association for the Advancement of Computing in Education (AACE).

Bisquerra, R. e Alzina, R. B. (2004). *Metodología de la investigación educativa* (vol. 1). La Muralla.

Boshier, R. (2009). Why is the Scholarship of Teaching and Learning such a hard sell? *Higher Education Research & Development*, *28*(1), 1-15. https://doi.org/10.1080/ 07294360802444321

Boyer, E. (1990). *Scholarship reconsidered priorities of the professoriate*. Princeton University Press.

Bozu, Z. (2012). *Cómo elaborar un portafolio para mejorar la docencia universitaria. Una experiencia de formación del profesorado novel*. Octaedro.

Brookfield, S. (1995). *Becoming a critically reflective teacher (The Jossey-Bass higher and adult education series)*. Jossey-Bass.

Brown, S. C. (1998). Redefining Scholarly Work. *The Educational Forum*, *62*(1), 40-46. https://doi.org/10.1080/00131729708982679

Caffarella, R. S. e Zinn, L. F. (1999). Professional Development for Faculty: A Conceptual Framework of Barriers and Supports. *Innovative Higher Education*, *23*(4), 241-256.

Candy, P. C. (2000). Knowledge Navigators and Lifelong Learners: Producing graduates for the information society. *Higher Education Research & Development*, *19*(3), 261-277. https://doi.org/10.1080/758484346

Cano, E. e Imbernon, F. (2003). La carpeta docente como instrumento de desarrollo profesional del profesorado universitario. *Revista Interuniversitaria de Formación del Profesorado*, *17*(2), 43-51.

Chism, N. V. N. (1997). Developing a Philosophy of Teaching Statement. *The Professional & Organizational Development Network in Higher Education*, *9*(3), 1-6.

Cifuentes, G. e Caldas, A. (2018). *Lineamientos para investigar y evaluar innovaciones educativas: Principios y herramientas para docentes que investigan y evalúan el cambio*. Ediciones Uniandes.

Clark, B. R. (1997). The modern integration of research activities with teaching and learning. *Journal of Higher Education*, 68, 241-255.

Clark, R. e Andrews, J. (2014). Relationships, variety & synergy: the vital ingredients for scholarship in engineering education? A case study. *European Journal of Engineering Education, 39*(6), 585-600. https://doi.org/10.1080/03043797.2014.895707

Colbeck, C. (2002). *Evaluating Faculty Performance. New Directions for Institutional Research.* Jossey-Bass.

Conzuelo, S. (2013). El portafolio docente, una alternativa de evaluación del profesorado en educación superior. Em M. I. Arbesú e F. Díaz-Barriga (coords.), *Portafolio docente. Fundamentos, modelos y experiencias* (pp. 135-149). Díaz de Santos.

Cranton, P. (2011). A transformative perspective on the Scholarship of Teaching and Learning. *Higher Education Research & Development, 30*(1), 75-86. https://doi.org/10.1080/07294360.2011.536974

Cronbach, L. J. (1963, maio). Course improvement through evaluation. *Teachers College Record, 64*(8), 672-686.

Darling-Hammond, L. (1994). *Professional development schools: Schools for developing a profession.* Teachers College Press.

Elmendorf, H. G. (2006). Learning Through Teaching: A New Perspective on Entering a Discipline. *Change: The Magazine of Higher Learning, 38*(6), 36-41. https://doi.org/10.3200/CHNG.38.6.36-41

Enwefa, R., Enwefa, S. C., Jennings, R., Giles, G., Giles, F., Okojie, F., Gaye, Z. (2004). Portfolios in the academy: Capturing excellence in teaching, research scholarship, and service. Em National Association of African American Studies (ed.), *Harnessing the future by studying the past* (pp. 371-383). National Association of African American Studies (NAAS).

Evans, L. (2002). What is Teacher Development? *Oxford Review of Education, 28*(1), 123-137. https://doi.org/10.1080/03054980120113670

Felten, P. (2013). Principles of Good Practice in SoTL. *Teaching and Learning Inquiry, 1*(1), 121-125.

Fenstermacher, G. D. e Richardson, V. (2005). On making determinations of quality in teaching. *Teachers College Record, 107*(1), 186-213.

Ford, J. e Zubizarreta, J. (2018). The Honors Professional Development Portfolio: Claiming the Value of Honors for Improvement, Tenure, and Promotion. Em National Collegiate Honors Council (ed.), *Breaking barriers in teaching and learning monograph III* (pp. 115-135). National Collegiate Honors Council.

Foster, S. F., Harrop, T. e Page, G. (1983). The Teaching Dossier: A System of Performance Evaluation with Data and a Case Study from Dental Education in British Columbia. *Higher Education in Europe, 8*(2), 54-57.

Fullan, M. (1991). *The New Meaning of Educational Change.* Teachers College Press. Gibbins, N. (1998). Scholarship and teaching: the defining conjunction of the university. https://atrium.lib.uoguelph.ca/xmlui/bitstream/handle/10214/11660/ug_atguelphvol42_issues11to21_1998.txt?sequence=2&isAllowed=y

Gibbons, M. (1998). Pertinencia de la educación superior en el siglo XXI. Em *Education, Human Development Network.* World Bank.

Glassick, C. E. (2000). Boyer's Expanded Definitions of Scholarship, the Standards for Assessing Scholarship, and the Elusiveness of the Scholarship of Teaching. *Academic Medicine, 75*(9), 877-880.

Glassick, C. E., Huber, M. T. e Maeroff, G. I. (1997). *Scholarship Assessed: Evaluation of the Professoriate. Special Report.* Jossey-Bass.

Glatthorn, A. A. (1999). Curriculum Alignment Revisited. *Journal of Curriculum & Supervision, 15*(1), 26-34.

Gordon, M. (2007). What makes interdisciplinary research original? Integrative scholarship reconsidered. *Oxford Review of Education, 33*(2), 195-209. https://doi.org/10.1080/03054980701259642

Guerrero Cuentas, H. R. (2015). El portafolio: una herramienta facilitadora del cambio en la educación superior desde la práctica didáctica. *Zona Próxima: Revista del Instituto de Estudios Superiores en Educación, 22*, 143-155.

Haertel, E. H. (1991). Chapter 1: New Forms of Teacher Assessment. *Review of Research in Education, 17*(1), 3-29. https://doi.org/10.3102/0091732X017001003

Henard, F. e Leprince-Ringuet, S. (2008). *The path to quality teaching in higher education. A literature review paper on quality teaching.* OECD, Institutional Management for Higher Education (IMHE).

Hofmeyer, A., Newton, M. e Scott, C. (2007). Valuing the scholarship of integration and the scholarship of application in the academy for health sciences scholars: recommended methods. *Health Research Policy & Systems, 5*, 5-8. https://doi.org/10.1186/1478-4505-5-5

Inbar, D. E. (1996). *Planning for innovation in education.* Unesco.

Jarvis, P. (1992). *Paradoxes of learning. On becoming an individual in society.* Jossey-Bass.

Kasule, G. W., Wesselink, R. e Mulder, M. (2016). Professional development status of teaching staff in a Ugandan public university. *Journal of Higher Education Policy and Management, 38*(4), 434-447. https://doi.org/10.1080/1360080X.2016.1181883

Keiny, S. (1994). Constructivism and teachers' professional development. *Teaching and Teacher Education, 10*(2), 157-167.

Kolb, D. A. (1984). *Experience as the source of learning and development.* Prentice Hall.

Le Goff, J. e Bixio, A. L. (1986). *Los intelectuales en la Edad Media.* Gedisa.

Leibowitz, B. e Bozalek, V. (2018). Towards a Slow scholarship of teaching and learning in the South. *Teaching in Higher Education, 23*(8), 981-994. https://doi.org/10.1080/13562517.2018.1452730

Lévy, P. (2007). *Cibercultura: informe al Consejo de Europa* (N.º 16). Anthropos.

Lledó, G., Carreres, A. L., Maciá, C. G., Graciela, M., Vera, A., Vila, R. R., Lledó, M. P. (2016). El portafolio digital como herramienta de aprendizaje en la construcción de contenidos. Em *XIV Jornadas de Redes de Investigación en Docencia Universitaria: Investigación, Innovación y Enseñanza Universitaria: Enfoques Pluridisciplinares* (pp. 987-1001). Universidad de Alicante, Instituto de Ciencias de la Educación.

Lubbe, I. (2015). Studies in Higher Education Educating professionals—perceptions of the research-teaching nexus in accounting (a case study). *Studies in Higher Education, 40*(6), 1-22. https://doi.org/10.1080/03075079.2014.881351

Lynton, E. (1995). *Making the Case for Professional Service. Forum on Faculty Roles & Rewards.* American Association for Higher Education (AAHE).

Lyons, N. (1999). Los portafolios y sus consecuencias: formación de profesionales reflexivos, em Nona Lyons (comp.), *El uso de portafolios. Propuestas para un nuevo profesionalismo docente* (pp. 325- 346). Amorrortu.

Marín Uribe, R., Arbesú García, M. I., Guzmán Ibarra, I., Barón Flores, V. (2012). El empleo del portafolio en la formación-evaluación de competencias docentes. *Voces y Silencios. Revista Latinoamericana de Educación, 3*(1), 5-21.

Mellado Hernández, M. E. (2010). Portafolio en línea en la formación inicial docente. *Revista Electrónica de Investigación Educativa, 12*(1), 1-33.

Moreno, A. (1996). El concepto de portafolio del docente. Em *El portafolio del docente: Herramienta para mejorar la calidad de la educación* (pp. 71-115). Zamorano.

Montoya, J. e Cifuentes, G. (2019). *Evaluación integral de la docencia universitaria: una propuesta innovadora desde la Universidad de los Andes* [palestra]. VII Coloquio de Red Iberoamericana de Investigadores sobre Evaluación de la Docencia (RIIED)

"Evaluación y desarrollo de la docencia en Iberoamérica: innovación y futuro". Buenos Aires, Argentina.

Murphy, T., MacLaren, I. e Flynn, S. (2009). Toward a Summative System for the Assessment of Teaching Quality in Higher Education. *International Journal of Teaching and Learning in Higher Education, 20*(2), 226-236.

Neumann, R. (1994). Valuing quality teaching through recognition of context specific skills. *The Australian Universities Review, 37*(1), 8-13.

Nicholls, G. (2005). Historical concepts of scholarship. Em *The challenge to scholarship: Rethinking learning, teaching, and research (Key issues in higher education)*. Routledge.

Nitko, A. J. e Brookhart, S. M. (2004). *Educational Assessment of Students* (5.ª ed.). Pearson Merrill Prentice Hall.

Norcini, J., Anderson, B., Bollela, V., Burch, V., Costa, M. J., Duvivier, R., ... Roberts, T. (2011). Criteria for good assessment: consensus statement and recommendations from the Ottawa 2010 Conference. *Medical Teacher, 33*(3), 206-214.

Norcini, J., Anderson, M. B., Bollela, V., Burch, V., Costa, M. J., Duvivier, R., Hays, R., ... Swanson, D. (2018). 2018 Consensus framework for good assessment. *Medical Teacher, 40*(11), 1102-1109. https://doi.org/10.1080/0142159X.2018.1500016

Olsen, B. (2016). *Teaching for success. Developing your teacher identity in today's classroom*. Routledge.

Ory, J. C. (2000). Teaching Evaluation: Past, Present, and Future. *New Directions for Teaching and Learning, 83*, 13-18.

Paulsen, M. B. (2002). Evaluating Teaching Performance. *New Directions for Institutional Research, 2002*(114), 5-18. https://doi.org/10.1002/ir.42

Perrenoud, P. (2004). *Desarrollar la práctica reflexiva en el oficio de enseñar: Profesionalización y razón pedagógica (Crítica y fundamentos, 1)*. Graó.

Ramírez Martínez, D., Martínez Ruiz, L. e Castellanos Domínguez, O. (2012). *Divulgación y difusión del conocimiento: las revistas científicas*. Universidad Nacional de Colombia.

Renwick, K., Selkrig, M., Manathunga, C., Keamy, R. K., Renwick, K., Selkrig, M., ... Manathunga, C. (2020). Community engagement is...: revisiting Boyer's model of scholarship. *Higher Education Research & Development*, 1-15. https://doi.org/10.1080/07294360.2020.1712680

Rice, E. (1996). *Making a place for the New American Scholar*. AAHE Forum on Faculty Roles and Rewards.

Rigo Lemini, M. A. (2013). "El caso de un portafolio electrónico docente: información, actividad reflexiva y percepción social." *Perspectiva educacional 52*(2), 60-85.

Rivas, M. (2000). *Innovación educativa. Teoría, procesos y estrategias.* Síntesis.

Roe, E. (1987). *How to compile a teaching portfolio: A FAUSA guide.* Federation of Australian University Staff Associations.

Rogers, E. M. (2003). *Diffusion of innovations* (5.ª ed.). The Free Press.

Rueda Beltrán, M. (2009). La evaluación del desempeño docente: consideraciones desde el enfoque por competencias [Evaluation of Teaching Performance: Considerations from the Competency-Based Approach]. *Revista Electrónica de Investigación Educativa, 11*(2), 1-16.

Sánchez Mendiola, M. e Martínez Hernández, A. M. del P. (2019). *Formación Docente en la UNAM: Antecedentes y la voz de su profesorado.* Universidad Nacional Autónoma de México, Coordinación de Desarrollo Educativo e Innovación Curricular.

Schön, D. (1998). *De la racionalidad técnica a la reflexión desde la acción.* Paidós.

Scriven, M. (1967). The methodology of evaluation. Em R. W. Tyler, R. M. Gagne e M. Scriven (eds.), *Perspectives of curriculum evaluation* (pp. 39-83). Monograph Series on Curriculum 1. Rand McNally.

Secretaría de Educación Pública (SEP). (2010). *Programa Escuelas de Calidad Modelo de Gestión Educativa Estratégica.* Secretaría de Educación Pública (México).

Seldin, P. e Higgerson, M. L. (2002). *The Administrative Portfolio: A Practical Guide to Improved Administrative Performance and Personnel Decisions.* Anker Publishing Company, Inc.

Seldin, P. e Miller, J. E. (2009). *The academic portfolio. A practical guide to documenting teaching, research and service.* Jossey-Bass.

Seldin, P., Miller, J. E. e Seldin, C. A. (2010). *The teaching portfolio: A practical guide to improved performance and promotion/tenure decisions.* John Wiley & Sons.

Shagrir, L. (2017). Collaborating with colleagues for the sake of academic and professional development in higher education. *International Journal for Academic Development, 22*(4), 1-12. https://doi.org/10.1080/1360144X.2017.1359180

Shore, B. M., Foster, S. F., Knapper, C. K., Nadeau, G. G., Neill, N., Sims, V. (1980). *Guide to the teaching dossier, its preparation and use.* Canadian Association of University Teachers.

Shulman, L. (1998). Portafolios del docente: una actividad teórica. Em Nona Lyons (comp.), *El uso de portafolios. Propuesta para un nuevo profesionalismo docente* (1999, pp. 44-62). Amorrortu.

Shulman, L. S. (1999). Taking learning seriously. *The Magazine of Higher Learning*, *31*(4), 10-17.

Spillane, J. P. (2012). *Distributed leadership* (vol. 4). John Wiley & Sons.

Stake, R. (2006). *Multiple case study analysis.* Guilford Press.

Stake, R. E. e Cisneros-Cohernour, E. J. (2000). Situational evaluation of teaching on campus. *New Directions for Teaching and Learning, 2000*(83), 51-72.

Stake, R. e Conzuelo-Serrato, S. (2010, 9-11 de novembro). *Using personal portfolios for evaluating teaching in higher education* [palestra]. I Coloquio Iberoamericano "La evaluación de la docencia universitaria y no universitaria: retos y perspectivas", Buenos Aires, Argentina.

Stake, R. E., Contreras, G. P. e Arbesú, I. (2011). Evaluando la calidad de la universidad, particularmente su docencia. *Perfiles Educativos, 33*, 155-168.

Taylor, C. S. e Nolen, S. B. (2005). *Classroom assessment: Supporting teaching and learning in real classrooms.* Prentice Hall.

Trigwell, K., Martin, E., Benjamin, J. e Prosser, M. (2000). Scholarship of Teaching: A model. *Higher Education Research & Development, 19*(2), 155-168. https://doi.org/10.1080/072943600445628

Universidad de los Andes (2015). *Estatuto profesoral.* Bogotá, Colombia. https://secretariageneral.uniandes.edu.co/images/documents/Estatuto-profesoral-web-2020.pdf

Universidad de los Andes (2019). *Impacto de la docencia y la investigación-creación en la Universidad de los Andes.* https://investigaciones.uniandes.edu.co/wp-content/uploads/2019/07/Impacto-de-la-docencia-y-la-investigaci%C3%B3n-creaci%C3%B3n.pdf

Vallina Pérez, J. L. (2008). El portafolio docente. Mucho más que la suma de las partes. *Atención Primaria, 40*(8), 425. https://doi.org/10.1157/13125409

Vanderbilt University (2018). Center for Teaching: teaching statements. Nashville. https://cft.vanderbilt.edu/guides-sub-pages/teaching-statements/

Zabalza, M. Á. (2003). *Competencias docentes del profesorado universitario: calidad y desarrollo profesional* (vol. 4). Narcea.